Ute Lauterbach

Werden Sie Ihr eigener Glückspilot

Ganz und anders leben

Deutscher Taschenbuch Verlag

Von Ute Lauterbach
ist im Deutschen Taschenbuch Verlag erschienen:

LiebesErklärungen (34199)

Der eigentliche Sinn unseres Lebens
besteht im Streben nach Glück.
Dalai Lama

»Glück ist Ankunft im Sinn«,
so sagt es Ute Lauterbach.

Originalausgabe
November 2006

www.dtv.de

Umschlagkonzept: Balk & Brumshagen
Umschlaggestaltung: Stephanie Weischer unter Verwendung
einer Illustration von Moni Port
Abbildungen im Text und Bewusstseinsskala: © Ute Lauterbach
Satz: Greiner & Reichel, Köln
Gesetzt aus der Berling 9,75/12,25˙
Druck und Bindung: Druckerei C. H. Beck, Nördlingen
Gedruckt auf säurefreiem, chlorfrei gebleichtem Papier
Printed in Germany
ISBN-13: 978-3-423-34353-4
ISBN-10: 3-423-34353-2

Inhalt

Glück und die Bewusstseinsskala

Wessen Leben wollen wir erfolgreich leben? Das unserer Eltern und Familienmafia, das der Gesellschaft: solidarisch, angepasst und normerfüllt? Oder das unserer Partner: pflegeleicht und scheuerfest? Oder einfach nur unser eigenes Leben?

Die Antwort ist längst klar. So, wie ich die Rechnung nicht ohne den Wirt machen kann, genauso kann ich mein Leben nicht ohne mich leben. Theoretisch keine Frage, aber praktisch sind wir doch erzogener, kulturdurchtränkter, sozialisierter, sprachgebundener, normopathischer Auswurf unserer Umstände. Deutlich ist uns erlebbar, wie wenig Luft unser Glück in der Fremdbestimmung bekommt. Zum Glück zu gelangen, erfordert einen Befreiungsschlag, der uns fröhlich unser eigenes Ding erfassen und in diesem Sinne eigensinnig leben lässt. Eigensinnig zu leben bedeutet hier, nach *eigenem Sinn* zu leben, seiner inneren Stimme zu folgen, sich selbst nicht fremdzugehen. Wer bereit ist, die Abkehr vom Weichspülgang seiner Konditionierungen zu riskieren, lebt **ganz und anders**. In diesem Mut zum Anderssein versteckt sich das Glück.

Aber wie lösen wir uns vom Klammergriff all dessen, was wir nicht sind? Wie erkennen wir, was und wer wir sind und was einengende Konditionierung ist? Die Antwort drängt sich auf: An Leid und Unglück erkennen wir, dass wir am Fremdsinnsgängelband baumeln. Am Glück und an innerer Weite wird die Freiheit des Eigensinns spürbar. Wenn es uns gelänge, mit entspannter Selbstverständlichkeit eigensinnig und anders zu leben, dann hätte das Glück leichtes Spiel. Und unser **Glückspilot** hätte eine klare Fluglinie. Ja, hätte! Die Realität sieht anders aus: Das Unglück, so heißt es, komme selten allein; manche seien vom Pech regelrecht verfolgt. Darüber hinaus trumpft mitunter das Schicksal massiv auf. Haben Eigensinn und Glück überhaupt eine Chance? Können wir **ganz und anders** leben?

Ein Einstieg tut sich auf, wenn wir eine möglichst allgemeingültige und griffige Definition vom Glück haben. So ließe sich ein Leit- und Hangelfaden zum Eigensinn entwickeln. Folgende Definitionsangebote lege ich Ihnen vor:

- Glück ist ein seelischer Zustand der Lebensbejahung unabhängig von äußeren Umständen.
- Glück ist die Bereitschaft, trotz allem den jeweiligen Moment zu genießen.
- Glück ist die Fähigkeit, sich von Schmerz und Sinnlosem nicht beeindrucken zu lassen.

Aus diesen Definitionen lässt sich folgendes Fazit ableiten:

Wir finden das Glück,

- wenn wir uns vom Unglück zum konstruktiven Aufbruch anstoßen lassen und
- wenn wir einen inneren Bewusstseinshaltepunkt außerhalb aller Bilden und Unbilden einzunehmen vermögen.

Und jetzt bitte langsam weiterlesen. Innehalten:

- Wo ist der innere Bewusstseinspunkt außerhalb aller Bilden und Unbilden?
- Wo der Punkt im Bewusstsein, an dem wir uns zu konstruktivem Aufbruch anstoßen lassen können?
- Und wo ist der Punkt, an dem uns jeglicher Verhaltensspielraum flöten geht?

Diese drei Punkte wollen wir jetzt ganz genau sichten. Stellen Sie sich eine Bewusstseinsskala von dunkel bis hell vor.

Dunkel bedeutet: Gefühle, Gedanken, innere und äußere Reaktionen sind trüb, unfreiwillig, fremdbestimmt, unerquicklich.

Hell bedeutet: Sie sind frei, eigenbestimmt, beglückend, höchst wünschenswert.

Offensichtlich erleben wir ständig irgendeinen Bewusstseinszustand zwischen den Extrempunkten, also zwischen zappenduster und hellst leuchtend.

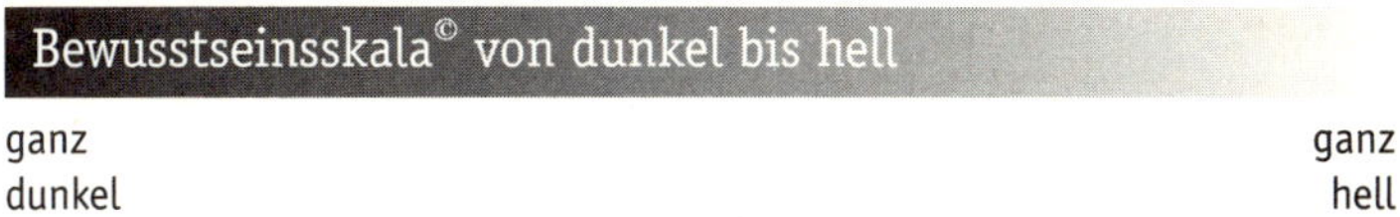

Um unsere mitunter minütlich schwankende Hell-Dunkel-Veränderlichkeit in dieser Skizze einfangen zu können, stellen Sie sich bitte außerdem vor, es gäbe wie bei einer Lampe einen Schiebedimmer auf der Bewusstseinsskala, der von einer neutralen Mittelposition aus Richtung dunkel und hell verschiebbar ist.

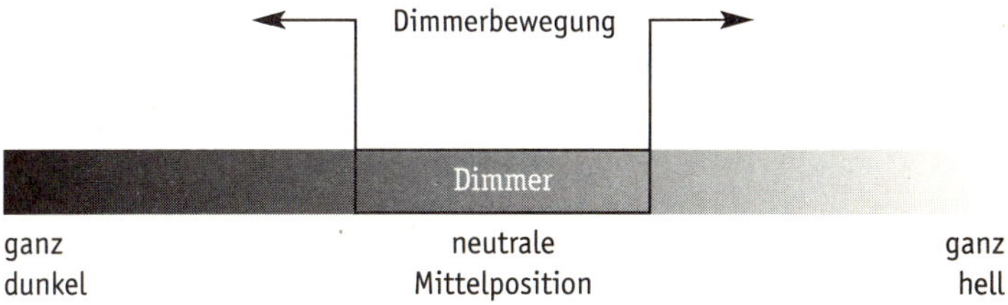

Introspektiv erleben wir die *neutrale Mittelposition* im Gefühl, Herr unserer Sinne und Gedanken zu sein, als autonomen Eigensinn, als innere Ruhe. Also ein zufriedener und recht behaglicher – zumindest ungestörter Zustand. Wir erleben ferner eine gewisse Ich-Stärke und fühlen durch die Herrschaft über uns selbst die Kraft der Verantwortung. Vergegenwärtigen Sie sich diesen Zustand der »neutralen Mittelposition«.

Fragen wir: Wann und wie kommt uns die Gelassenheit abhanden? In welchem Moment rutscht der Dimmer nach links Richtung dunkel? Es ist exakt die Sekunde, in der wir etwas ungut persönlich nehmen, wenn wir uns verstricken und einsteigen. Wenn Alfons zu Gerda sagt: »Du könntest auch mal was Intelligentes lesen, anstatt immer nur in die Glotze zu stieren.« *Das* ist die Sekunde, in der sich Gerdas Gelassenheit und Ruhe verabschieden, ihr Dimmer rutscht nach links. Sie ist verletzt. Sie reagiert nicht mehr in autonomer Eigenverantwortung, sondern schlägt als Opfer ihrer eigenen Verstrickung um sich. Sie ist wütend, unglücklich und beleidigt. Alfons spürt, was los ist und holt nochmals aus: »Jetzt kommt als Nächstes deine Heulsusennummer!« Zack! Gerdas Dimmer flutscht noch weiter nach links. Ein Wort gibt das andere, bis beide am Punkt der totalen Verstrickung angelangt sind. Dort ist's zappenduster. Rationalität und seelischer Spielraum haben sich verabschiedet.

Wir haben den Kipppunkt **von Gelassenheit zu Verstrickung** genau gesichtet. Ebenso deutlich erkennen wir, wo der Punkt totaler Verstrickung auftrumpft.

Am hell leuchtenden Ende der Bewusstseinsskala erleben wir genau das Gegenteil: nämlich vollkommene Freiheit, unerschütterliche Gelassenheit, weder innere noch äußere Bedrängnis. Kurz: den oben erwähnten inneren Bewusstseinshaltepunkt außerhalb aller Bilden und Unbilden. Er ist der Inbegriff eines freien Kopfes und Herzens. Um auch diesen Punkt introspektiv genau zu isolieren und damit zu fassen, vergegenwärtigen Sie sich Ihr Erleben, wenn Sie von etwas Schönem derart durchdrungen werden, dass es Ihnen den Atem verschlägt. Etwas ist zum Weinen schön. Überirdisch schön. Oder einen anderen Zustand, der Sie so sehr erfüllt, dass Ihr Alltagsbewusstsein wie weggepustet ist.[1] Deutlich ist uns die Fülle des hell leuchtenden Bewusstseins, wenn wir uns kaputtlachen.

Charakteristisch für den Punkt am rechten Rand der Skala ist, dass wir uns dort produktiv abhanden gekommen sind: sei es, dass wir uns weggeworfen haben vor Lachen, uns im Schönen verloren oder uns im Lieben restlos verschenkt und verjubelt haben. Auf dem Weg zu diesem Glücksjubelgipfel erfahren wir den Prozess der Ich-Stärkung, entwickeln mehr und mehr Eigendrehung, machen »unser Ding«, leben wirklich ganz und anders – sind in diesem Sinne erfolgreich eigensinnig. Eigensinn ohne Egozentrik. Je stärker unser Ich ist, umso länger der Atem,

---

1 Ausführlich gehe ich auf Zubringer zum freien Kopf in meinen Büchern ›Spielverderber des Glücks‹ und ›Raus aus dem Gedankenkarussell‹ ein.

bis wir uns verstricken. Blüht das Ich in eigensinniger Stärke, winkt die nächste Etappe. Die Evolution des Bewusstseins schreitet mit der Transzendierung des Ichs voran; also Ich loslassen und anderen Seelenraum dazugewinnen.[2]

Unsere Bewusstseinsskala sieht inzwischen so aus:

Punkt
totaler Verstrickung = Ich-Schwäche und deshalb Egoismus.

Punkt,
an dem neutrale Gelassenheit in Richtung Ich-Schwäche kippt bzw. ab dem Ich-Stärkung und dann Ich-Transzendierung voranschreiten.

Punkt,
wo Kopf und Herz frei sind.

Ganzwerden oder Glücklichwerden hat mit Standpunktwechsel zu tun, hat mit Anderswerden zu tun. Es geht um den gewaltigsten Umzug, um den Umzug in ein anderes Bewusstsein: **vom Fremdsinn zum Eigensinn**! Erschwerend bei diesem Unternehmen ist leider, dass uns das Leben beziehungsweise unsere jeweilige Art, es wahrzunehmen, auf Schritt und Tritt verfolgt. Oft sind wir Gefangene unserer Wahrnehmung und unseres Erlebens. Unser Dimmer flutscht eigenmächtig ins Dunkle. Glück futsch, Eigensinn ade! Stattdessen Fremdsinn und emotionale Verstrickung. Das Gedankenkarussell dreht sich auf Hochtouren. Gerettet wären wir, wenn wir unseren Dimmer bewusst steuern, wenn wir selbstbestimmt und konkret dazu beitragen könnten, besagten Umzug in ein anderes Bewusstsein zu vollziehen!

Also den **Glückspiloten** in uns entdecken und uns seiner Fluglinie zum freien Kopf und weiten Herzen überlassen.

---

[2] Zur Evolution des Bewusstseins siehe die Werke des amerikanischen Philosophen Ken Wilber.

Der Glückspilot. Wachsende Selbstwahrnehmung vom Nullinger zum Fullinger

Wer viele unterschiedliche Vogelarten kennt, sieht viel mehr verschiedene Vögel. Abstrakter: Auf unserem jeweiligen Fachgebiet ist das Spektrum unserer Wahrnehmung größer. Fachkundige in der Glücksförderung sind Piloten im Bewusstseinsmanagement. Damit haben wir bereits begonnen. Sie haben die oben beschriebenen drei Punkte auf der Bewusstseinsskala kennengelernt und können sie ab jetzt schneller wahrnehmen. Es ist ein Unterschied, einfach so – zack – in die Verstrickung zu geraten oder *zu wissen*, dass das gerade mit mir passiert.

Die **bewusste Selbstwahrnehmung** nebst Erkennen des exakten Verstrickungsgrades durchbricht einen unwillkürlichen, automatischen Vorgang und verschafft Abstand und damit Spielraum. Unser Glückspilot weiß diesen Abstand zu nutzen und versteht es, uns im Spielraum zu navigieren.

Einzig am Punkt der totalen Verstrickung ist überhaupt kein Abstand mehr möglich. Null Abstand – sozusagen ein *Nullinger* in der Selbstwahrnehmung. Je ruhiger und gelassener wir sind, je mehr unser Dimmer nach rechts geht, umso mehr Abstand haben wir zu uns selbst und umso mehr Überblick haben wir auch. Am rechten Rand der Bewusstseinsskala haben wir den größtmöglichen Abstand zu uns, sind nicht mehr mit unserer Person identifiziert, müssen nichts mehr persönlich nehmen und haben deshalb in einem anderen Sinn zugleich größtmögliche Nähe zu unserem Selbst (nicht Ego), zu anderen und zu allem.

Unsere Wahrnehmung berührt am rechten Rand der Skala eine neue Dimension. Wir haben volle Sicht, »full sight« – sozusagen einen *Fullinger* in der Selbstwahrnehmung, die an diesem Punkt zugleich die Qualität einer ganz anderen Gesamtwahrnehmung hat.

Unsere Skizze sieht jetzt so aus:

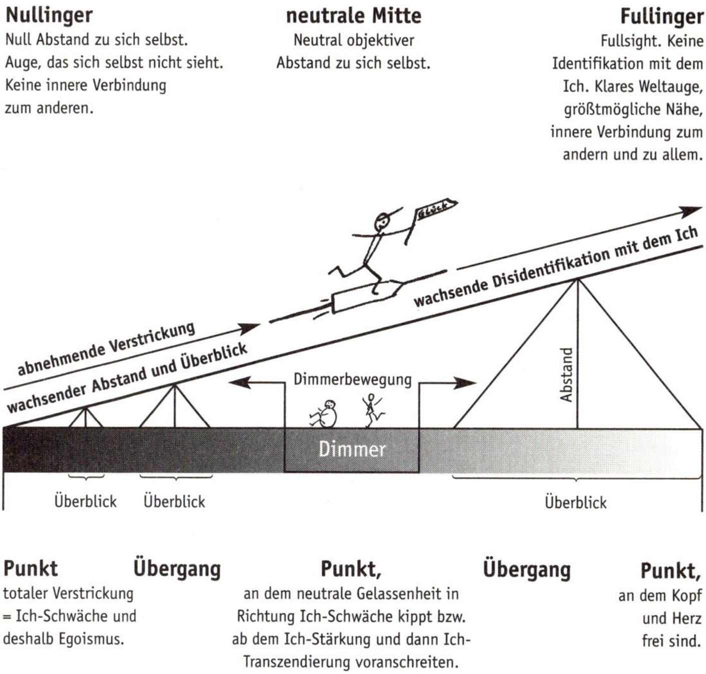

Und was passiert am rechten Rand?

Wie navigiert der Glückspilot?

Dieses Buch schickt den Glückspiloten durch viele zentrale Lebensthemen wie Freiheit, Tod und Liebe. Aufgabe des Piloten ist es, bei jedem Thema die *individuelle* wie *allgemeine* Fluglinie zum Glück klar hervortreten zu lassen. Zu diesem Zweck steigt er elegant auf die Bewusstseinsskala –

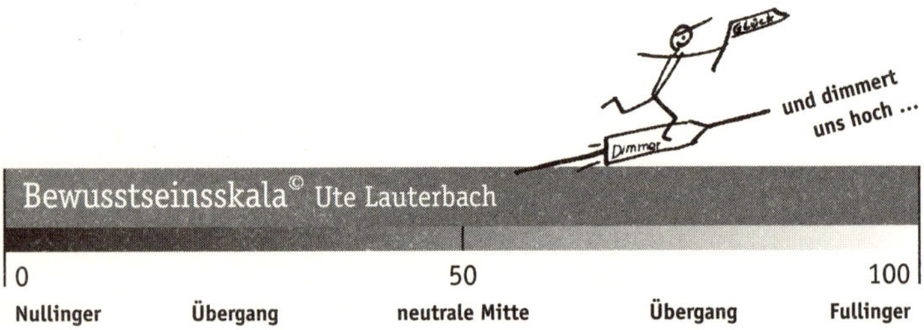

Jedes Lebensthema umfasst die ganze Bandbreite von Unglück bis Glück, von Nullinger bis Fullinger. Deshalb bietet es sich an, seine Fluglinie zum Glück stichwortartig in die Bewusstseinsskala einzutragen. Diese allgemeine Veranschaulichung der jeweiligen Flugrichtung ist nur *ein* wichtiger erster Schritt. Für unsere **persönliche Glücksnavigation** hat unser Pilot als Zweites die Aufgabe, unser momentanes und individuelles Erleben eines Themas abzuklopfen. Und zwar so, dass wir unsere jeweilige Position zum Beispiel in Bezug auf ein Reizthema präzise auf der Skala wiedererkennen können.

Und wie macht das unser Glückspilot ganz konkret? Er benötigt einen Befindlichkeits-Gradmesser, um den speziellen Unglücks- oder Glücksgehalt ausloten zu können. Das Maß der Freiheit in unserem Kopf und das der Weite unseres Herzens bilden diesen Gradmesser. Ganz einfach also – so wie wir es am Beispiel von Alfons und Gerda gesehen haben.

Wenn wir in der Lage sind, unseren jeweiligen Ausgangspunkt

auf der Skala zu bestimmen, tritt unsere Flugrichtung zum Glück deutlich hervor.

Dieses genaue Bestimmen, das wir sogar sekündlich vornehmen können, ist auch ein Wahrnehmungstraining. Ich nenne es **»Selbstwahrnehmung vom Nullinger zum Fullinger«**. Es zieht sich durch alle Themenbereiche und ist eine zentrale Navigationstechnik. Denn wer weiß, wo er ist, kann leichter losfliegen, kann leichter seinen Dimmer Richtung Glück schieben.

Zur Selbsterforschung finden Sie unter *»Eigene Position?«* eine themenspezifische Frage, die Sie zu Ihrer Positionierung auf der Skala nutzen können.

Der praktische Nutzen einer klaren Eigenpositionierung ist sehr vielfältig:

1. Bereits die Tatsache, dass ich mich positioniere, wirkt sich günstig auf die Stimmung aus. Denn Positionieren = sich mit Abstand betrachten = Verstrickungen lockern = Dimmer nach rechts = Glückspilot in Aktion.
2. Die Eigenwahrnehmung wird durch das Positionieren schärfer = Fallen können schneller verlassen, Unbehagen kann entschiedener aufgelöst werden = Glückspilot in Aktion.
3. Die Positionierung eröffnet eine neue Gesprächsgrundlage, was nicht nur in Partnerschaften von hohem Wert ist. Anstatt auf dem anderen herumzuhacken, könnten wir Dimmerpositionen austauschen = Glückspilot in Aktion.
4. Zu guter Letzt kommen die Selbstwahrnehmung im Positionieren sowie die einhergehende Relativierung eigener Verstrickungen einem spirituellen Training erster Klasse gleich.

Konkret unterstützt uns der Glückspilot beim Hochdimmern durch **Integrationsfragen**, die der Selbsterforschung dienen und durch deren tatkräftige Beantwortung Sie Veränderungen in Ihrem Leben vornehmen können. So pilotieren Sie erfolgreich Ihren Dimmer Richtung Glück. Also erstens: klar erkennen, wo wir individuell stehen und uns selbst genau dort abholen. Zweitens: durch eigen-sinnige Schritte das eigene Glück schmieden. Beide Flugstrategien gehören zusammen. So wie zwei Hände, die an einem Glücksstrang ziehen. Konkreter in einigen Varianten formuliert:

- Veränderungen auf der Verhaltensebene gelingen leichter, wenn sie von klarer Selbstwahrnehmung begleitet sind.
- Je durchdringender die Selbstwahrnehmung, umso geschmeidiger und leichter die freie, eigensinnige Gestaltung auf der Handlungsebene.
- Was wir erkennen, hat uns nicht mehr heimtückisch im Griff.
- Je schneller und leichter wir den Verstrickungspunkt in unserem Erleben sichten, umso flotter haben wir die Hand am Steuer des Dimmers.
- Unser Glückspilot kann die Fluglinie Richtung Fullinger überblicken. So wird ihm die Dimmersteuerung ermöglicht.
- Wird Selbstwahrnehmung gar zu voll umfänglicher, also zu Fullinger-Selbsterkenntnis, ist der Sprung in die Glückseligkeit vollzogen. Gemeint ist ein Bewusstsein, das sich selbst wahrnimmt, die Selbsterfahrung des Geistes, Erleuchtung, wie immer Sie es nennen wollen.

Weitere Dimmer-Schieb-Unterstützung stellen die *Navigationssätze* dar, die Sie ebenfalls zu jedem Thema finden. Es handelt sich dabei um Spontanäußerungen von mir, die sich in Seminaren und Vorträgen ergaben. Sie sind thematisch sortiert und theoretisch oder literarisch eingeleitet und teilweise ausgeleitet. Unterm Strich haben die angeführten Themenbereiche alle mit dem **Umzug in ein anderes Bewusstsein** zu tun; das heißt, sie tragen alle dazu bei, unser Glücklich- und Ganz-anders-Werden zu fördern. Warnen möchte ich Sie vor dem scheinbar Widersprüchlichen oder ganz selten sogar Unverständlichen, das einigen Momentaussagen anzuhaften scheint. Kommunizieren ist nicht nur Sache des Schreibens, sondern auch des Aufnehmens. Lassen Sie uns einen Verständigungsraum betreten, der vom Sprachsinn gezeichnet ist und doch durch die Sprache hindurchgeht.

Mit einem **Flugsatz** rundet der Glückspilot jedes Kapitel ab. Er führt uns in diesen Sätzen vom Fremdsinn via Eigensinn zum EigenSinn.

Eigensinn – trotzige Bockerei oder eigener Sinn?

Frau Hackpfutt spricht über ihre Familie mit Herrn Sägflitsch.

Frau Hackpfutt: Der Max macht sich ganz gut. Er hat sein Studium angefangen und hat eine nette Freundin. Aber Jutta, jetzt siebzehn, ist ein eigensinniges Kind! Sie ist still und zurückgezogen, aber auch draufgängerisch. Ich werd aus ihr nicht schlau.

Herr Sägflitsch: Sie ist nicht berechenbar, nicht angepasst, oder?

Frau Hackpfutt: Kann man sagen. Kein Wunder bei ihrem Vater! Das ist auch so ein eigensinniger Typ.

Herr Sägflitsch: Ja, Udo, Ihr Mann, ist ein Individualist. Er weiß, was er will.

Frau Hackpfutt: Individualist ist gut! Er ist ein Spinner!

Herr Sägflitsch: Tja, Phantasie braucht er für seinen Beruf. Vielleicht ist es für andere nur schwer, seine inneren Welten nachzuvollziehen.

Frau Hackpfutt: Wenn's bei den inneren Welten bliebe, hätte ich nix dagegen, aber er lebt – wie Jutta – seine Abgedrehtheit völlig ungeniert.

Herr Sägflitsch: Haben Sie wirklich was gegen die beiden?

Frau Hackpfutt: Ach, eigentlich nicht, im Grunde sind sie mir grad wegen ihres Eigensinns lieb und wert.

So unterschiedlich verstehen Hackpfutt und Sägflitsch den Eigensinn. Am einen Ende der Begriffsauslegung haben wir den Eigensinn als bockig-trotziges Eigenbrötlertum des abgedrehten Spinners und am anderen Ende den **Eigensinn als individuellen Lebensstil**, der die Basis für Kreativität, Intuition und Freiheit abgibt. Der Eigensinn des Brötlers oder des Radikalen ist oft widerspenstige Abwehr des Üblichen, der Norm und insofern fest an das gebunden, was er bekämpft. Hier finden sich kein Fünkchen Freiheit und kein innerer Frieden. Die trotzig-sture Bockerei hat nichts zu tun mit dem Eigensinn, der als Nährboden aller Güte, Freiheit, Gelassenheit und Heiterkeit verstanden werden kann. Um diesen positiven Eigensinn geht es bei folgenden Definitionen:

- Eigensinn bedeutet, nach eigenem Sinn zu leben: nicht fremdbestimmt, sondern gemäß eigenen Wertvorstellungen.
- Eigensinn ist Tor zu einem ganz anderen Leben, zu einem ganzen und anderen Leben.
- Noch weitergedacht tanze ich im Eigensinn nach niemandes Pfeife, nicht einmal nach der eigenen …
- Eigensinn heißt auch, einen eigenen Sinn zu fühlen und aus diesem heraus sein Leben zu gestalten.
- Eigensinnig zu leben, heißt authentisch und im Einklang mit sich selbst – und deshalb im Einklang mit allen und allem – zu sein.
- Im Eigensinn gehen wir uns selbst und anderen nicht fremd.
- Vollendeter EigenSinn bedeutet, mit seinen besten Möglichkeiten und mit der Lebens- und Seinsfülle in Berührung zu sein.

Das macht doch an, oder? Auf dem Weg zum Eigensinn brauchen wir nur einiges zu verlernen und anderes zu wagen:

Verlernen dürfen wir alle Denk- und Verhaltensweisen, mit denen wir Eigenes auf der Strecke ließen, um in widrigen Umständen zu überleben und um für andere knitterfrei und trampelstabil zu sein.

Wagen können wir dann umso leichter das, wohin uns unsere tiefste Sehnsucht zieht.

Auf diesem Abenteuerweg begegnen uns vielfältige Herausforderungen: Sie reichen von leuchtend fröhlichen Bewusstseinsweiten bis hin zur dunklen Enge des Beleidigten.

Da der Begriff des Eigensinns in sich beißenden Farben vorkommt, wenden wir einfach die Bewusstseinsskala auf ihn an. So gewinnen wir begriffliche Eindeutigkeit durch klare Zuordnungen. Am Punkt der totalen Verstrickung ist von wirklichem Eigensinn, von Eigenbestimmung kein Hauch mehr übrig. Wir können hier höchstens von einem *fanatischen, blinden »Eigensinn«* sprechen. Es herrschen an diesem Punkt innere und äußere Fremdbestimmung. *Trotziger Eigensinn* ist an das gebunden, wogegen er aufbegehrt, und somit ebenfalls unfrei. Er findet sich auf dem Weg zum Punkt der neutralen Mittelposition, wo ein *autonomer Eigensinn* spürbar ist. In die Umsetzung gelangt er jedoch erst auf der Übergangsstrecke zum rechten Rand. Deshalb sprechen wir hier vom *verwirklichten Eigensinn*. Er bedeutet, dass wir unser Ding machen, dass wir kreativ eigene Ideen verwirklichen und **unser Leben nach eigenen Vorstellungen** gestalten. Auf diesem Abschnitt der Bewusstseinsskala wächst die Eigendrehung immer mehr, bis sie schließlich zugunsten einer »Alldrehung« transzendiert wird. Spätestens am rechten Rand hat sich diese Form des Eigensinns aufgelöst. Jack Engler fasst diesen Gedanken so zusammen: »Man muss erst jemand sein, bevor man niemand sein kann.«

Nach der Transzendierung des Egos, nachdem wir also ein starker Jemand waren, folgt eine neue Öffnung, durch die wir Sinn wirklich erleben können. Da es sich weder um irgendeinen Bastelsinn handelt noch um einen metaphysischen oder religiösen Sinn irgendeines weltanschaulichen Systems, sondern um die unmittelbare *eigene Erfahrung* von Sinn, nenne ich ihn EigenSinn. So lehrte Buddha, dass alles, was wir glauben und denken, nicht zur befreienden Wahrheit führt. Nur durch die eigene Erfahrung erlangen wir Befreiung, nur sie erschließt uns Sinn. Erst durch sie haben wir *vollendeten EigenSinn*.

In unsere Skizze eingetragen sieht's so aus:

Nullinger
Null Abstand zu sich selbst. Auge, das sich selbst nicht sieht. Keine innere Verbindung zum anderen.

neutrale Mitte
Neutral objektiver Abstand zu sich selbst.

Fullinger
Fullsight. Keine Identifikation mit dem Ich. Klares Weltauge, größtmögliche Nähe, innere Verbindung zum andern und zu allem.

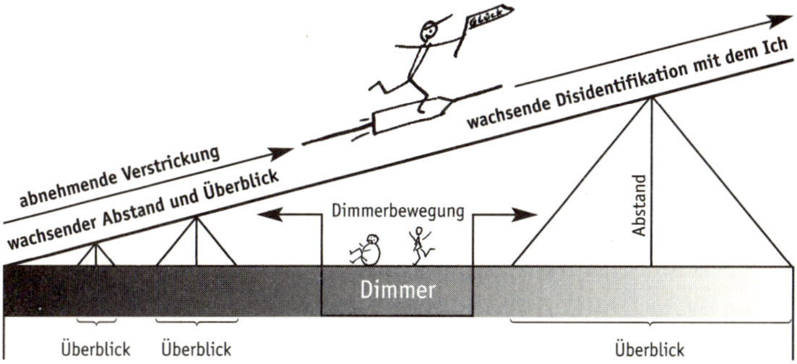

Punkt
totaler Verstrickung = Ich-Schwäche und deshalb Egoismus.

Übergang

Punkt,
an dem neutrale Gelassenheit in Richtung Ich-Schwäche kippt bzw. ab dem Ich-Stärkung und dann Ich-Transzendierung voranschreiten.

Übergang

Punkt,
an dem Kopf und Herz frei sind.

Oder in der kondensierten Form der Bewusstseinsskala sieht es so aus:

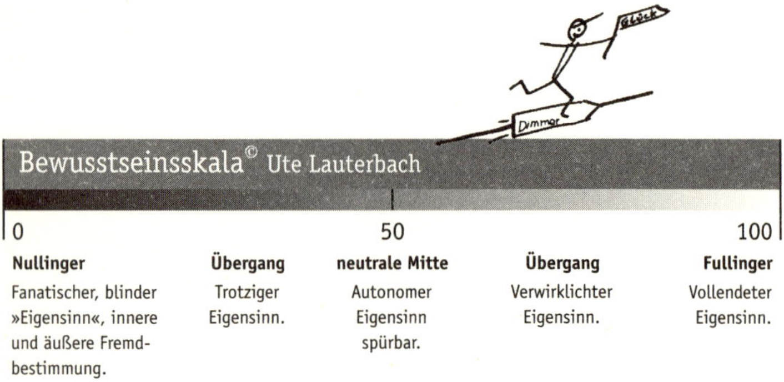

Immer wenn Sie im Folgenden diese Basisskala sehen, können Sie die ansteigende Linie, den wachsenden Überblick und Abstand sowie die abnehmende Verstrickung und die wachsende Disidentifikation mit dem Ich mitdenken.

Ganz und anders leben

»Irgendwann ist Feierabend«, sagte meine über achtzigjährige Mutter mit Blick darauf, dass das Leben zu Ende geht. Feierabend! Ein Wort, das schillert von »endlich Zeit für mich, Zeit zum Feiern« bis hin zu »nichts kommt mehr, es ist vorbei«.

Wie wollen wir feiern am Abend? Wie am Ende des Lebens? Was gibt es zu feiern am Feierabend? Oder müssen wir vor dem Feierabend feiern, weil am Feierabend das Feiern vorbei ist? Können wir angesichts eines möglicherweise endgültigen Feierabends überhaupt feiern? Ist das Feiern der Inbegriff des Lebens, und verdünnisiert es sich deshalb zum Ende hin? Muss ich ganz und anders leben, um *wirklich* feiern zu können? Wann bin ich ganz und anders? **Wann bin ich wirklich ich?**

Nutzen wir die drei Punkte und die beiden Übergänge auf der Bewusstseinsskala, um eine differenzierte Antwort auf diese Fragen zu erhalten: Am Punkt der totalen Verstrickung, wo ich zum Beispiel in Tobsucht schäume, erkenne ich mich selbst nicht wieder. Ich bin mir *ganz fremd* und wie von einer anderen Macht beherrscht. Freundlich formuliert bin ich nicht ich, sondern *man*. An Feiern ist nicht zu denken. Auf der Übergangsstrecke zum neutralen Punkt bin ich in ab- oder zunehmender Verstrickung, je nachdem in welche Richtung der Dimmer schiebt. Auch hier bin ich mir noch *fremd*: Im besten Fall spüre ich ein *Man-selbst-Sein*. Und wenn ich feiere, dann so wie *man* feiert – allerdings ohne innere Freude, weil die in der Verstrickung keinen Raum findet. Am neutralen Punkt taucht das Bewusstsein vom *Ich* auf. Anstatt in der fremdbestimmten »Man-Suppe« zu schwimmen, erlebe ich mich erstmalig als *eigenes* Individuum. Damit taucht überhaupt erst die Frage auf: Wie würde ich gerne feiern? Diese Frage findet auf der nächsten Übergangsstrecke eine tatkräftige Antwort. Endlich bin ich *ich-selbst* und feiere ganz individuell auf meine Art. Dadurch bin ich eigensinnig. Der wachsende Eigensinn und damit das Gespür für mich selbst erlauben Raum für immer mehr Freude. Feiern ist so erst richtig möglich. Denn was wäre alles Feiern ohne Freude?

Allmählich wird auf dem Weg zum nächsten Punkt, dem freien Kopf und weiten Herzen, sogar die Verwirklichung des Eigensinns fad. Sie geht über in eine noch größere Weite – sozusagen vom Ich-Selbst zum *Selbst-Selbst.* Wenn der Gipfel des persönlichen Eigensinns, des Ich-Selbsts, erreicht ist, erwacht die Sehnsucht nach neuer Erfüllung. Diese liegt im Selbst-Selbst. Wir berühren das Ganze und sind am rechten Punkt wirklich *ganz und anders.* Hier erleben wir den Inbegriff der Freude. Hier sind wir das Feiern.

Tragen wir die zentralen Begriffe in unsere Skala ein:

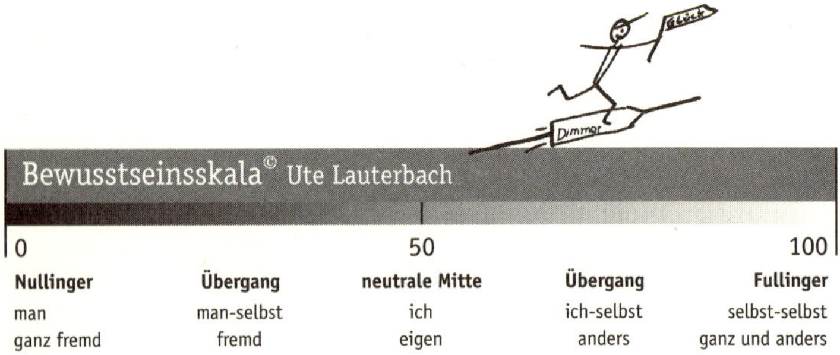

Es ist aufregend: Sowohl der Begriff des Eigensinns wie auch der des Feierns wird klar und eindeutig, wenn wir ihn zu verschiedenen Bewusstseinszuständen in Beziehung setzen. Das könnte bedeuten, Widersprüche, Diskrepanzen und kontroverse Meinungen sind letztlich gar nicht in der Sache begründet, sondern sind Deutungen von verschiedenen Bewusstseinspositionen aus.

Praxiseinstieg: Wie nutze ich den Glückspiloten?

1. Auf der Bewusstseinsskala vom Nullinger bis zum Fullinger sehe ich die ganze Bandbreite der (Un-)glückshaltigkeit eines bestimmten Lebensthemas und erkenne seine *allgemeine* Glücks-Fluglinie.

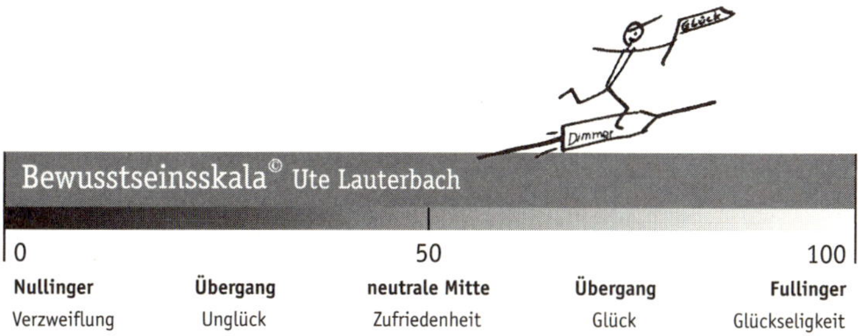

2. Ich positioniere mein *individuelles* momentanes Erleben eines Themas auf der Bewusstseinsskala. Dabei bildet die Frage: »Wie frei ist mein Kopf?« den Gradmesser für die Positionierung.

3. Nun navigiert mich der Glückspilot Richtung Fullinger. Folgende Frage dient als Kompass: »Was würde mir in der jeweiligen Angelegenheit den Kopf freier, das Herz weiter machen?«

Wer Lust hat, kann bei der sekündlichen Momentaufnahme der Befindlichkeit vorab unterscheiden zwischen körperlicher, seelischer, geistiger und spiritueller Verfassung. Die Synthese aus diesen vier Dimensionen macht dann den jeweiligen Bewusstseinszustand aus. So, als zögen wir die Farbsumme.

Spaßeshalber ist die Skala quantifiziert. Sie erstreckt sich von null beim Nullinger über fünfzig (Mitte) bis hundert beim Fullinger. Das bietet eine flotte Gesprächsabkürzung. Die Frage »wie geht's« ließe sich dann zum Beispiel mit »dreißig« beantworten. Das ist vielleicht langweiliger, als zu erfahren, dass der Jüngste die Windpocken hat, ist aber trotz oder wegen der Abstraktion informativer. Wir können uns auch zerlegen und differenziert antworten. Peter antwortet so: »In körperlicher Hinsicht bin ich bei vierzig, seelisch bei achtzig, geistig gerade bei siebzig und spirituell bei fünfzig.«

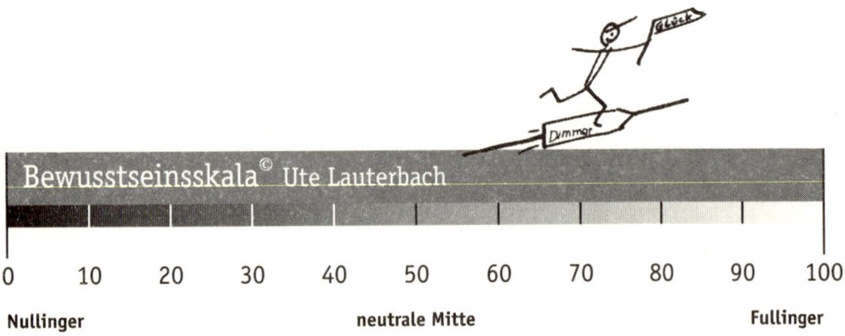

Peters Summenwert wäre dann bei sechzig. Das erzählt er so während einer Autofahrt, als er plötzlich ein Reh auf dem Kühler hocken hat oder einen schönen Vogelschwarm im Sonnenlicht sieht. Zack schiebt sich sein Dimmer nach links beziehungsweise nach rechts …

Wenn Sie jetzt nachspüren, wo Sie sich körperlich, wo seelisch und wo geistig und spirituell auf der Bewusstseinsskala befinden, so werden Sie feststellen, dass es ziemlich leicht ist, so differenziert zu antworten. Noch leichter ist es, intuitiv – zack, einfach so – seinen Summenwert zu erfassen. Die Unterscheidung der vier Dimensionen ist ein nettes Experiment, aber für das spontane Erfassen unserer jeweiligen Befindlichkeit nicht erforderlich. Von zentraler Bedeutung sind die eindeutig erkennbaren Punkte: *Nullinger, neutrale Mitte* und *Fullinger*.

Bei unserer nun folgenden **Flugreise durch zentrale Lebensbereiche** wird die Bezugnahme zu diesen drei Punkten und den beiden Übergängen eine Art »geistigen Kamm« abgeben, der scheinbar Widersprüchliches in eine klare Ordnung zu legen vermag. Wenn Sie Ihren inneren Glückspiloten nutzen wollen, brauchen Sie sich nur auf der Skala zu positionieren und die Frage zu beantworten, was Ihnen den Kopf freier und das Herz weiter machte. Schon tritt Ihre Fluglinie Richtung Glück deutlich hervor.

Anerkennen, was ist

Da alles weiter nichts ist, als es ist,
kann man ruhig in Gelächter ausbrechen.
Long Chen Pa

Solange ich mich selbst in meinem jeweiligen So-Sein nicht anerkenne, so lange grabe ich an der Kluft zwischen mir und mir: der Kluft zwischen dem, was ich gerade bin, und dem, was ich meine, sein zu sollen. Deshalb ist es so heilsam, zu sein, was und wie ich bin. Entwicklung geht von Istzustand zu Istzustand und nicht von Idealbild zu Idealbild.

Anzuerkennen, was ist, setzt voraus, dass ich sehe, was ist. Wenn ich wirklich sähe, nur sähe, was ist, also ohne Beimischungen meinerseits sähe, was ist, dann *sähe* ich, *was ist.* Dann ließe mein Sehen die Welt in Ruhe. Und ich ließe mich in Ruhe. Die Offenbarung des Offensichtlichen geschähe. Offen-sichtlich, weil nicht mehr verstellt von Deutungen und Urteilen und Vor-Stellungen. Wie soll Sehen gelingen, wenn wir uns beim Sehen etwas vor-stellen? Wenn wir wirklich sehen, was ist, sind wir so erfüllt vom Unmittelbaren, dass das Anerkennen von selbst geschieht.

Ein großer Übungsweg, auf dem sich unsere Wahrnehmung häutet. Mit jeder Haut, die wir ablegen, legen wir egozentrische Sichtweisen ab und gewinnen Welt und Buntheit. Alle Vorstellungen, Wünsche, Erwartungen, Ansprüche, alle wunden Punkte, die gesamte Biografie verschleiern die Sicht. Je verstrickter unsere »Sicht«, umso mehr wehren wir ab, umso weniger sehen

wir, bis wir zuletzt sogar blind vor Wut sein können und nichts mehr sehen und erst recht nicht anerkennen.

Das ist der abstandslose Nullinger-Blick. Mit jeder Häutung gewinnt die Wahrnehmung an Weite und legt vorverständnisbedingte Deutungen ab. Auf unsere Skala bezogen, ist das Vorverständnis bis zur Mittelposition mehr oder weniger emotional geladen. Eine immer freier werdende Reflektion kennzeichnet den Übergangsbereich zum Fullinger. Dort öffnet sich dem freien Kopf das OffenSichtliche.

In unsere Skala eingetragen, sieht das so aus:

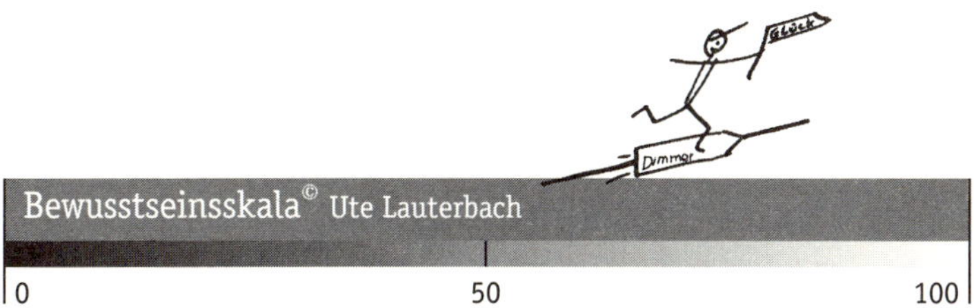

Nullinger	Übergang	neutrale Mitte	Übergang	Fullinger
Im emotionalen Aufbegehren volle Abwehr: weder sehen noch anerkennen, was ist.	Emotionalitätsgrad bestimmt das Ausmaß der Abwehr.	Keine verstrickte Emotionalität mehr – allenfalls Einschränkung der Sicht durch Vorverständnis auf der Sachebene. Beginnendes Anerkennen.	Kognitive Enge weicht immer mehr einer Reflektion – auch Reflektion über die Reflektion – = weitere Sicht, mehr Anerkennen.	Kein Vorverständnis, freie Wahrnehmung. Klarer Spiegel ohne Urteil, vollständiges Anerkennen.

Eigene Position?

Die Bewusstseinsskala ermöglicht es, die persönliche Position in Bezug auf ein bestimmtes Thema oder in Bezug auf Dauerbrenner-Themen genau auszumachen. Das ist wichtig, weil der Glückspilot leichteres Spiel hat, wenn er weiß, wo wir stehen. Deshalb fragen wir: Wo stehe ich? Kann ich anerkennen, was ist? Was kann ich nicht anerkennen? Hier leuchtet meist das Dauerbrenner-Thema auf.

Navigationssätze

- Da, wo ich gerade bin, kann ich am vollsten leben.
- Was uns am meisten von unseren Zielen trennt, ist der Gedanke, wir hätten sie noch zu erreichen.
- Wenn ich habe, was ich habe, wachse ich langsam zu mir hin.
- Wenn ich meinen »Feind« anerkenne, ist Veränderung möglich: »Es ist so gut, dass du bist, du mein Lackmuspapier.«
- Wenn ich nicht anerkenne, habe ich keine Chance rauszukommen.
- Zulassen können, was ist, heißt, wachsam zu sein im Zustand der Nichteinstellung.
- Wenn ich bei dem bleibe, was ist, dann bin ich in der Gegenwart.
- Alles, was ist, hat seinen Sinn, sonst wäre es nicht.
- Die wichtigste therapeutische Startrampe heißt, innezuhalten bei dem, was ist.
- Nichts in uns kann sich ändern, ohne dass wir es akzeptieren.
- Akzeptieren heißt dankbar sein.
- Im Ja zu mir bin ich an meiner Quelle.
- Die einzig sinnvolle Bemühung ist, die Bemühung zu lassen.
- Wenn ich das Ungute überspringe, habe ich seinen Kickgewinn verpasst.
- Es geht darum, das zu wollen, was ist. Damit entschärfen wir das Schicksal.
- An meinem Gegenwartsmist erkenne ich, wo ich ganz und anders werden könnte.
- Es gibt keine Zukunftsprophylaxe.
- Die echte Abgrenzung kommt aus dem Ja zu sich selbst.
- In der Realität gibt es keine Dramen.
- Wenn wir wirklich sind, brauchen wir keine Ersatzrealität.

Integrationsfragen

- Kann ich mir ganz und gar zustimmen?
- Wo spüre ich Unbehagen?
- Mit welchen konkreten Schritten könnte ich die Situation ändern?
- Bei nicht Änderbarem: Wie könnte ich voll akzeptieren, was ist?

Flugsatz: Eigensinn – damit atmet, was wirklich ist.

Angst

Tu, was du fürchtest, und deine Angst
stirbt einen sicheren Tod.
R. W. Emerson

Reale Ängste schützen uns. Ängstigen wir uns beispielsweise, eine befahrene Autobahn schlendernd zu überqueren, so ist dies im Dienste unserer Lebenserhaltung ein nützlicher Instinkt. Hingegen sind die Schreckgespenster, die die *neurotische* Angst sieht und befürchtet, wirklich nur Gespenster; sie sind nicht real. Deshalb ist diese Angst in Wirklichkeit ein illusionärer Zementblock, mit dem wir uns einengen, »einängstigen«. Leider ist die Angst ein so starkes Gefühl, dass wir immer wieder auf sie hereinfallen und glauben, sie hätte Recht …

In jeder Angst fühlen wir uns bedroht – seelisch, wenn wir nicht mehr geliebt werden, und existentiell, wenn uns die Basis abhanden kommt. Gerda ängstigt sich vor Spinnen. Alfons erledigt die Spinnen heldenhaft. Aber einmal war er für drei Monate weg. Gerda hatte keine Wahl und musste selbst Hand anlegen. Es ging mit der Zeit immer besser. Als Alfons zurückkam, war sie selbst eine Heldin. Die Angst verschwindet, wenn wir uns ihr aussetzen. Je mehr wir sie gedanklich nähren, umso mehr hat sie uns im Griff. Die unrealistischen Hirnblüten werden zur Angst vor der Angst. Wären wir nicht so sehr mit uns, unserem Leben, unseren Liebsten, Hab und Gut identifiziert, hätten wir weniger Angst um uns, sie und das Zeug. Es gilt *im Grunde* die Formel: je identifizierter, desto ängstlicher. Sortieren wir es auf unserer Skala:

0		50		100
Nullinger	**Übergang**	**neutrale Mitte**	**Übergang**	**Fullinger**
Panik, Angst vor der Angst.	Abnehmende Identifikation → weniger Angst.	Ruhe, die nur noch reale Ängste durchlässt.	Größer werdende Kompetenz bei der Bewältigung realer Ängste.	Erkenntnis, dass alle Ängste aufgelöst sind.

Eigene Position?

Wo stehe ich? Womit bin ich derart identifiziert, dass ich mich darum ängstige? Wenn es mehrere Angst-Punkte gibt: Wo stehe ich bezüglich aller Einzelängste auf der Skala?

Navigationssätze

- Angst vor Liebesverlust ist der erste Garant für ein Leben auf der Schmalspur.
- Das Nirwana ist am Ende der Angst.
- Angst ist Energie, die nach hinten ausschlägt.
- Angst ist durch beherztes Anspringen zu packen.
- Ängstliche Bedenken brechen den Schwung des Handelns.
- Jede Angst hat die Lust auf das Leben in der Hinterhand.
- Das Leben ist nicht zu fürchten, nur die Haltung dem Leben gegenüber.
- Angst- und Schuldgefühle überwachen den Rückwärtsgang im Leben.
- Die Angst vor der eigenen Energie ist nicht zu unterschätzen.
- Angst entsteht immer an der Grenzlinie unserer eigenen Belastbarkeit.

- Wir haben Angst, in den Schmerz zu gehen, weil wir nicht an das Heilsame dahinter glauben.
- Mit jeder Abwehrhaltung wollen wir unsere Ängste in Schach halten. Und: Das Schlimme ist nur schlimm, weil neurotische Angst es aufbläht.
- Das Ja-aber kommt immer aus der Angst vor Veränderung. Die Angst sagt, die Veränderung ist lebensgefährlich. Das Herz sagt, die Veränderung wäre herrlich.
- Angst entsteht, wenn ich den Augenblick verlasse. – Der Angst-Film katapultiert mich aus der Gegenwart.
- Wenn wir das machen, wovor wir Angst haben, dann lässt es sich leichter atmen.

Integrationsfragen

- In welchen Situationen verspüre ich Angst?
- Ist das eine Angst, die mich real schützt?
- Wenn es eine Angst ist, die mich nicht real schützt, frage ich mich: »Mit welchem kleinen Schritt könnte ich mich dem Beängstigenden handelnd nähern?«

Flugsatz: Eigener Sinn erlöst von der Angst.

Anstrengung

Nichtstun ist die richtige Antwort
für nicht existente Probleme.
Maxwell Maltz

Es war einmal ein Fisch, der vergnügt und zufrieden im Meer schwamm. Sein Leben war gemütlich, und er verstand sich gut mit seinen Kollegen. Eines Tages aber passierte etwas Schreckliches: Irgendwie erfuhr er, dass Fische nur im Meer glücklich sein könnten. Und er war ja ein Fisch! Da entstand das Riesenproblem: Wo war das Meer?

Diese Frage ließ ihm keine Ruhe, denn er wollte ja glücklich werden. Also schwamm er von Pontius zu Pilatus und fragte alle, wo das Meer sei. Aber niemand wusste es. Die anderen Fische verstanden noch nicht einmal die Frage. Sie waren glücklich in ihrem Element und bemerkten mit Erstaunen, dass jener Sucher allmählich ganz verkniffene Suchaugen bekam und unglücklich wurde. Doch der Suchfisch ließ nicht locker. Keine Anstrengung war ihm zu viel. Und dann hatte er eine Idee. »Ich muss mich hocharbeiten.« »Aha«, dachte er, »das Meer ist also oben.« So schwamm er nach oben und immer weiter nach oben. Als er schon recht weit oben war, stieß er auf einen Wurm, den er genüsslich verzehren wollte. Da bohrte sich etwas Spitzes in sein Maul. Plötzlich ruckte es, und er wurde aus dem Wasser gezogen. Das war ein ganz ungutes Gefühl! Und dem Fisch wurde bei dieser traumatischen Erfahrung mit einem Schlage klar, dass er soeben das Meer verlassen hatte.

Anstrengung – Tilt oder Flow?

Wenn unsere Energie frei fließt, spüren wir keine Anstrengung. Höchstleistung und natürliches Wachstum vollziehen sich wie von selbst. Mit forcierter Anstrengung blockieren und erschweren wir unseren freien Energiefluss. Das bedeutet: Um ganz, anders und frei zu werden, müssten wir lediglich diese Anstrengung aufgeben. Basis unseres Anstrengungsterrors ist jede irreale Idealbildung, jedes »höhere Streben«, jede verbissene Selbstdisziplin, jedes Muss und jedes Soll. Auf der einen Seite steht die uns blockierende Anstrengung, mit der wir uns fremdsinnig vergewaltigen: Anstrengung als *Tilt* und Alarmzeichen.

Auf der anderen Seite gelangen wir in den beseligenden *Flow*, wenn wir auf dem Gipfel unserer Möglichkeiten agieren. Mihaly Csikszentmihalyi sagt es unmissverständlich:

> »*Flow*-Erfahrungen erscheinen einem zwar mühelos, aber das trifft keineswegs zu. Oft bedarf es dazu schwerer körperlicher Anstrengung oder einer hochdisziplinierten geistigen Aktivität. Sie sind ohne Geschicklichkeit und Leistung nicht möglich.«[3]

Also doch anstrengen? Ja, aber anders. Jetzt haben wir es mit einer deblockierenden Anstrengung zu tun. Flow bedeutet, ganz mit der Tätigkeit eins zu sein, sich so sehr vertiefen, dass wir uns selbst vergessen, dass alle Konzentration und Aufmerksamkeit vom jeweiligen Tun absorbiert werden. So sehr, dass wir mit unseren Gedanken weder in die Vergangenheit oder Zukunft noch zu einem Aspekt außerhalb des gegenwärtigen Engagements wandern können. Der Kopf ist ganz klar. Trotz – oder *wegen* (!) – unseres vollständigen Einsatzes trägt uns beim Flow eine äußerste Anstrengung, die nicht anstrengt. Es gilt die Formel:

> Je mehr unsere Energie fließt, umso anstrengungsfreier, eigensinniger und zugleich ich-vergessener strengen wir uns an.

---

[3] Mihaly Csikszentmihalyi, ›Flow. Das Geheimnis des Glücks‹, Klett-Cotta, Stuttgart 1992

Superanstrengend wird's am Nullinger-Punkt: Dort am Verstrickungsgipfel investieren wir unendlich viel Energie für etwas, was wir im Grunde unseres Herzens überhaupt nicht wollen, was sogar gegen unseren Willen ist. Diese Fehlinvestition von Energie nimmt auf der Strecke Richtung Mittelposition ab. Wenn wir uns Richtung Fullinger bewegen, investieren wir die Energie in wirklich Gewolltes, sind intrinsisch motiviert, erleben wachsende Begeisterung. Die Anstrengung strengt im eigensinnigen Tun immer weniger an, bis wir uns dadurch abhanden kommen, dass wir uns restlos investieren. Im Glücksflow am Fullinger-Punkt geschieht Höchstleistung – einfach so.

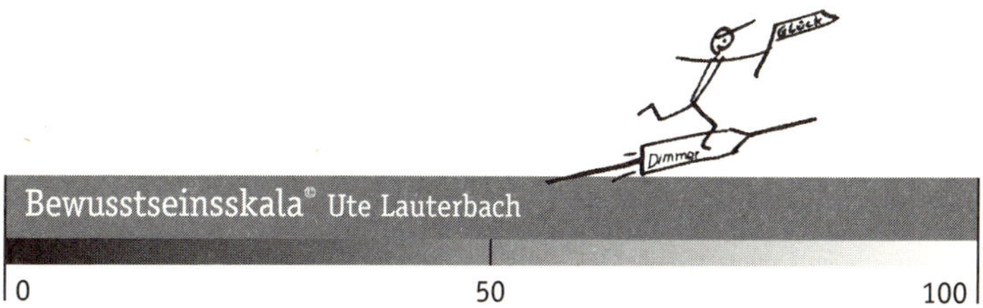

Nullinger	Übergang	neutrale Mitte	Übergang	Fullinger
Blockierende Anstrengung, Emotionsfalle, Scheitern, Tilt.	Anstrengung mit eingebauter Abwehr. Fremdbestimmte Leistung als Last.	Besinnung auf die Einsatzmöglichkeiten der eigenen Kraft.	Zunahme der nicht anstrengenden Anstrengung und des Erfolgs, eigenbestimmte Leistung als Lust.	Vollständiger Einsatz, der nicht anstrengt, Höchstleistung, Flow.

Eigene Position?

Wann erlebe ich ungute Anstrengung, wann Flow? Wo genau auf der Skala erlebe ich mich bei meiner Hauptbeschäftigung?

Navigationssätze

- Sowie es anstrengend wird, nähern wir uns der Hölle.
- Man kann nicht kämpfen *und* gewinnen.
- Übertreiben ist ein sportliches Gasgeben. Überwindung ist anstrengend.
- Die übertriebene Rücksichtnahme provoziert die Aggression des anderen.
- Anstrengung lassen. Veränderung zulassen.
- Das Leben läuft am besten, wenn wir es in Ruhe lassen.
- Anstrengung ist alles, was den Energiefluss behindert.
- Höchstleistung gelingt in der anstrengungsfreien Anstrengung.
- Die Anstrengung des Verstehenwollens schließt das Hirn.
- Alles, was ich »um zu« mache, taugt nichts. Flow ist zweckfrei.
- Anstrengung nutzt uns ab.
- Zu viel und falsches Arbeiten ist körperliches und seelisches Verschmutzen.
- Mit jedem überzogenen Anspruch versauen wir uns das Leben.
- Neuanfänge sind zu anstrengend, wenn wir nicht genau wissen, wo wir stehen.
- Holzwege erkennen wir an der Anstrengung.
- Durch Anstrengung kommen wir von der goldenen Mitte ab.
- Immer, wenn es anstrengend wird, stimmt etwas nicht. Wenn's leicht wird, liegen wir richtig.
- Das Zielen auf das Ergebnis vereitelt den Augenblick; der Augenblick ist Voraussetzung für das Gelingen.
- Im Stress geht die Gegenwart verloren.
- Am Folgeleid erkennen wir den seelischen Klimmzug.
- An der Anstrengung erkennen wir unsere Begrenztheit. Wenn ich meine Begrenztheit erkenne, öffne ich die Tür zu meiner Unbegrenztheit.

- Immer, wenn Kampf aufkommt, heißt das, ich war nicht wirklich mutig.
- Alles, was den Charakter von Neujahrsvorsätzen hat, ist einzustampfen.
- Wer kämpft, will noch eine Erlaubnis vom anderen.
- Alle Lösungen und Ziele, die ich anstrebe, sind eine Belastung – mit einer Ausnahme: nämlich das Ziel und die Lösung, keine Ziele und Lösungen mehr anzustreben.
- Der Drang, sich beweisen zu wollen, zeugt von mangelnder Selbstakzeptanz.
- Aufhören zu machen, damit etwas geschieht!
- Die Kunst ist, die Anstrengung zu lassen. Jede Anstrengung ist eine Art Raubbau an den eigenen Kräften. Keine Blume strengt sich an!

Integrationsfragen

- Was strengt mich an?
- Welchen heimlichen Gewinn oder Vorteil bringt mir das anstrengende Problem?
- Wie könnte ich mir diesen Gewinn oder Vorteil anders verschaffen?
- Könnte ich diese Tätigkeiten
  - an andere delegieren,
  - überhaupt weglassen,
  - durch mir gemäßere Tätigkeiten ersetzen?
- Wann war ich besonders erfolgreich, ohne mich angestrengt zu haben?
- Wie könnte ich diesen anstrengungsfreien und zu Erfolg führenden Verhaltensweisen mehr Raum in meinem Leben geben?

Flugsatz: Ungute Anstrengung ist Fremdsinns-Gehorsam.

Behinderung

Wenn die Zeit kommt, in der man könnte,
ist die Zeit vorüber, in der man kann.
Marie von Ebner-Eschenbach

Machen Sie ein kleines Experiment: Vergegenwärtigen Sie sich die Momente oder Stunden, vielleicht Tage, gar Wochen, in denen Sie Ihren Geist als ganz klar und Ihre Seele als glücklich erfüllt erfahren haben. Erinnern Sie sich an die OffenSichtlichkeit des Seins und die fraglose Evidenz Ihres Erlebens. Spüren Sie noch mal, wie es sich anfühlte, im Einklang mit allem und allen zu sein. Vielleicht war es der Augenblick, in dem Sie Ihr gerade geborenes Kind erstmals im Arm hatten, vielleicht der Anblick eines überwältigenden Wasserfalls. Es sind Momente, in denen die Zeit stillzustehen scheint. Aus der Sicht solcher Gipfelerlebnisse ist alles kümmerlich, was unterhalb ihrer Erlebnisdichte und Seligkeit liegt – wir könnten durchaus von Behinderung in verschiedenen Graden sprechen. Je luzider unser Geist und je erfüllter unsere Seele, umso unbehinderter breitet sich unser – ja was? – unser BewusstSein in uns aus. Je vernebelter unser Geist, je verschatteter unsere Seele, je mehr wir uns im Weg stehen, umso weniger Entfaltungsraum hat es. Der Punkt der totalen Verstrickung ist der Punkt, an dem wir uns selbst zu hundert Prozent im Weg stehen. Es ist der Punkt vollständiger Behinderung. Mit abnehmender Verstrickung nimmt die selbstgestrickte Behinderung ab. Erst am Gelassenheitspunkt sind wir sozusagen normal behindert – nur noch eingeschränkt durch unverstrickte Anhaftungen.

Auf der zweiten Übergangsstrecke beginnen wir Souveränität über diese unverstrickte »Behinderung« zu erlangen: Vergänglichkeit und andere normale Einschränkungen beeindrucken nicht mehr so. Am Fullinger-Punkt hinterlassen sie keine Spur mehr. Es ist wie die Erlösung von den eigenen Gedanken und allen einschränkenden Empfindungen. Sonnenaufgang im eigenen Innern.

Navigationssätze

- Unsere Hauptbehinderung ist, dass wir nicht behindert sein wollen.
- Das Ego besteht aus Behinderungen.
- Illusionen sind Behinderungen.
- Alles, was wir kraftaktmäßig machen wollen, ist eine Behinderung des natürlichen Flusses.
- Jede Behinderung will mir vermeintlich das Leben erleichtern. Diese Erleichterung könnte ich auch ohne den Umweg über die Behinderung haben.
- Die Vergangenheit ist die in unserem Kopf eingebaute Behinderung.
- Normen sind nicht schlimm – nur der starre Glaube an sie behindert.
- Jede Unabhängigkeitserklärung ist eine Behinderung, wenn ich nicht entsprechend handle.
- Wer durch den Kopf der anderen denkt, ist geistig schwerstbehindert.
- Wer nicht liebt, ist behindert.
- Die Erfahrung der eigenen Behinderung ist die Rennbahn zur Freiheit.

Integrationsfragen

- Wie behindere ich mich?
- Durch wen oder was lasse ich mich behindern?
- Mit welchen Gedanken oder Wertvorstellungen schränke ich mich ein?
- Wann und wie gedenke ich, aus diesen Behinderungen auszusteigen?

Bewusstseinsskala© Ute Lauterbach

0		50		100
Nullinger	**Übergang**	**neutrale Mitte**	**Übergang**	**Fullinger**
Vollständige Behinderung. Wir stehen uns zu hundert Prozent im Weg durch emotionale Aufwallung.	Vorurteile. Vorbehalte. Seelische Altlasten behindern in unterschiedlichem Ausmaß.	Unverstrickte Anhaftungen.	Wachsende Souveränität über normale Einschränkungen.	Erlösung von jeder Behinderung im Gipfelbewusstsein.

Eigene Position?

An welchem Punkt auf der Skala bin ich genau, wenn ich diverse innere und äußere Behinderungen erlebe?

Flugsatz: Im Eigensinn deckungsgleich mit sich selbst leben! Und im EigenSinn von sich selbst erlöst sein.

Bei-sich-Sein

Es gilt, hineinzuhören in das, wohin wir selbst gehören.
Martin Heidegger

Wer wirklich bei sich ist, ist hindurchgetaucht durch alles Beiläufige und zugleich verbunden mit allem, was ist. Hindurchgetaucht einerseits, verbunden andererseits – daraus besteht die Doppelerfahrung im Bei-sich-Sein. Nichts Zusätzliches machen, eher sich Zurücklehnen in das Gewahrsein – das ist die Kunst. Nichts im Äußeren beobachten, nichts im Innern suchen – das ist die Herausforderung. Denn der Geist ist nicht zu finden. Das Bei-sich-Sein geschieht spontan, wenn wir uns des Gewahrseins voll bewusst sind. So ist es berührbar, nicht ergreifbar, nicht begreifbar. Im Berühren sich aufnehmen lassen. Hineinschmelzen.

Wenn ich das Äußere oder Innere emotionslos, gelassen wahrnehme, bin ich in der Mittelposition. Je emotionsgeladener ich erlebe, umso mehr drifte ich Richtung Nullinger. Dort bin ich völlig außer mir. Auf der Übergangsstrecke zum Fullinger verliert alles Wahrnehmbare seinen Reiz zugunsten des Wahrnehmens, des Gewahrseins selbst.

Bewusstseinsskala© Ute Lauterbach

0		50		100
Nullinger	**Übergang**	**neutrale Mitte**	**Übergang**	**Fullinger**
Außer-sich-Sein. Kein innerer Bezug zu sich selbst. In der Maxi-Emotion sich fremd sein.	Angestrengtes Ergreifen im Innern und Äußern. Kraftaktleben.	Gelassenes Wahrnehmen.	Immer mehr das Innen und Außen lassen, wie es ist.	Bei-sich-Sein. Nichts tun oder denken müssen, stattdessen Spontaneität. Berühren des Gewahrseins.

Eigene Position?

Wo auf der Skala bin ich, wenn ich bei mir bin?

Namenlos

Ohne Stellung, ohne Status, ohne Beruf,
ohne Alter, ohne Geschlecht, ohne Adresse,
ohne dies und ohne das,
ganz ohne Merkmal
nur noch,
dass ich bin
mir zum
Merk-mal

Navigationssätze

- Wenn Vergleichen wegfällt, hören Kampf und Konkurrenz auf.
- Wer bei sich selbst ist, muss nichts mehr beweisen.
- Habe Ziele, als hättest du keine.

- Meditation geschieht jeden Augenblick.
- Im Dankbarsein erhalten wir uns das Wunder.
- Wer mit sich selbst synchron läuft, läuft mit dem ganzen Kosmos synchron.
- Wünschen lernen – zu sich kommen. Es wieder verlernen …
- Die Kunst ist nicht, sich abzugrenzen, sondern sich treu zu bleiben.
- Was ich zutiefst mit mir beschließe, wird Wirklichkeit. Zweifel und Skepsis kommen aus dem Verstand.
- Der schnellste Hingleiter zu sich selbst ist die eigene innere Stimme.
- Spontanes Handeln kommt immer aus dem Ganzen.
- Abgrenzen ist ein punktuelles Nein, Ausgrenzen ein generelles.
- Ein Genie ohne Eigensinn ist undenkbar.
- Wenn ich zu mir stehe, wie ich im Moment bin, dann stoße ich Wachstum in eine gute Richtung an.
- Wenn ich authentisch bin, staue ich nichts an.
- Zufriedenheit: Ich will, was ich habe.
- Je mehr wir im Herzen verstehen, umso weniger Kampf gibt es.
- Urteil und Kommentar zerstören die Empfindung.
- Innere Sicherheit ist Unerschütterlichkeit im Angesicht des sich stets verändernden Lebens.
- Andere lieben ist immer eine Nebenwirkung des Bei-sich-Seins.
- Wer bei sich ist, der lebt im großen Vertrauen und braucht keine Kontrolle mehr.
- Im Zweifel und im Misstrauen überspringe ich mich. Im Vertrauen gebe ich mir einen Bonus.
- Zu-sich-Stehen ist auch schöne Klarheit für andere.
- Es ist gut, sich selbst zu danken – wem denn sonst?

Integrationsfragen

- Spüre ich mich?
- Was fühle ich in mir und über mich, wenn ich ganz still bin?
- Was sagt mir meine innere Stimme?
- Wann fange ich an, ihr zu folgen? Und wie?

Flugsatz: EigenSinn ist Absprung zum AllSinn.

Beleidigtsein

How happy he had been a few days ago
when he imagined he had problems.
Iris Murdoch

Jedes Beleidigtsein ist vom Rückzug gekennzeichnet. Rückzug, weil der andere mir nicht gerecht geworden ist. In der Einzelhaft des Beleidigtseins warte ich im Grunde darauf, dass der gemeine andere nun endlich alles wiedergutmacht, einen Ausgleich für die angerichtete Verletzung serviert. Je nach Ausmaß meines Beleidigtseins werde ich den Ausgleich, falls er überhaupt angeboten wird, annehmen oder triumphal abweisen. Im Abweisungsfall bleibe ich weiterhin in der Einzelhaft und warte auf ein weiteres, größeres Ausgleichsangebot. Im außerordentlichen Pechfall ist mein »Kontrahent« so überfordert, dass er kein Reparationsangebot mehr macht. Dann schweiße ich mich schlimmstenfalls im Beleidigtsein ein – so die Bitterkeit im Alter gründlich vorbereitend.

Deutlich erkennbar ist, wie sehr die Beleidigten in der Abhängigkeit verharren, weil sie auf »Wiedergutmachung« angewiesen sind. Die zur Lösung ihres Dilemmas beitragende Frage ist: Welche ursprüngliche Verletzung verbirgt sich hinter dem jeweils aktuellen Beleidigtsein und schreit danach, wiedergutgemacht zu werden? Urauslösend ist in der Regel eine irgendwie geartete Zurücksetzung, die ich dann immer wieder aufleben lasse, indem ich mich selbst im beleidigten Rückzug zurücksetze. Aus der ursprünglichen Fremdrücksetzung wird eine Eigenrücksetzung, die gleichermaßen verletzt. Solange die Beleidigten nicht die Verantwortung für ihre Wiedereingliederung unter die freudig Lebenden übernehmen, werden sie ewig darauf warten, dass jemand kommt, um ihre Zellentür von außen zu öffnen.

Navigationssätze

- Der beleidigte Rückzug ist ein Pseudorückzug, weil der Beleidigte mit verdeckter Aggressivität beim anderen Energie, Aufmerksamkeit und Zuwendung abzapfen will.
- Der Märtyrergewinn macht jedes Leiden süß.
- Beleidigtsein vermittelt dem anderen ein Schuldgefühl.
- Das Gefühl, moralisch überlegen zu sein, ist die Glücksluftblase des Beleidigten.
- Beleidigtsein kennzeichnet, dass etwas nicht voll ausgesprochen wurde.
- Die beleidigte Miene des anderen trifft uns besonders, wenn wir dieselben Wertmaßstäbe und Normen haben.
- Beleidigtsein ist nach innen schießender, implodierender Hass. Im Hass attackiere ich den anderen. Im Beleidigtsein mich selbst.
- Im Beleidigtsein schrumpfe ich mich ein. Beleidigtsein heißt, alle Äußerungen einstellen, keinen Blickkontakt mehr aufnehmen, sich zurückziehen, aber so, dass der andere *das* wenigstens sieht, sonst ist es wirkungslos.
- Man setzt das Beleidigtsein als Waffe ein. Geht der andere daraufhin weg, kann man sofort damit aufhören, dann macht man es sich wieder schön ...
- Wer zum Beleidigtsein neigt, tut gut daran, im uneingeschnappten Zustand darüber zu sprechen, und für den Schnappfall tausend Brücken zum Verlassen des Rückzugs zu erbitten.
- Der Beleidigte will im Grunde nicht zurückgesetzt werden, er will aus seinem Zustand rausgeholt werden. Wer auf ihn zugeht, muss dennoch damit rechnen, dass der Beleidigte seinen Rückzug verschärft. Er glaubt nämlich nicht, dass man ihn wirklich rausholen willst.
- Wenn es mal anders ausgeht als sonst – das ist heilsam.

Machen wir ein Experiment. Zählen Sie bis drei und seien Sie dann vorsätzlich beleidigt. Genau! Geht nicht. Wir brauchen schon einen echten Anlass, der unsere Schwachstelle triggert. Dann macht's schnapp und schwupp sind wir raus aus der neutralen Mittelposition und schlittern unfreiwillig ins Beleidigtsein. Im Einschnappen wird es augenblicklich eng in der Seele. Auf der Übergangsstrecke zum Nullinger schwelt eine spezielle Empfindlichkeit, die das Einschnappen fördert. Sie stellt den wunden Punkt dar und reduziert Abstand, Überblick und Verhaltensspielraum. Auf der Übergangsstrecke zum Fullinger passiert genau das Gegenteil: keine schnappbereite Empfindlichkeit mehr, stattdessen wachsende Ich-Stärke. Am Fullinger-Punkt ist das Ich, das hätte einschnappen können, nicht mehr da. Auf unserer Skala sieht es so aus:

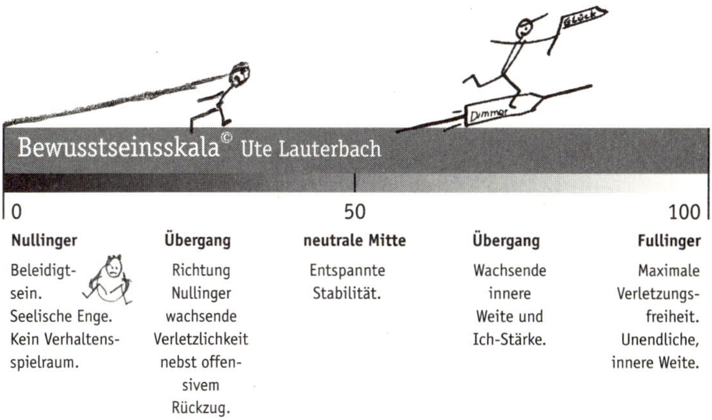

Eigene Position?

Am Nullinger ist eine Art Seelen-Gummiband befestigt, das sich bei Verletzungen sofort strafft. So passiert das Einschnappen. Wann wird mein Seelen-Gummi stramm? Wohin genau vermag es mich zu ziehen?

Integrationsfragen

- Wer hat mich beleidigt? Wie wurde ich beleidigt? Was genau war so beleidigend?
- Welchen chronischen Schmerzpunkt hat die Beleidigung getroffen?
- Wie könnte ich die Heilung dieses Schmerzpunktes fördern?
- Wage ich es, darum zu bitten, beim nächsten Schmollanfall nicht allein gelassen zu werden?

Flugsatz: Eigensinn nicht als störrisches Verhalten, sondern als verströmende Hingabe an sich selbst (und nur deshalb auch an andere).

Eifersucht

Eifersucht heißt: Nichts wissen,
alles ahnen, das Schlimmste fürchten.
Gottfried Keller

Was passiert in der Eifersucht? Eifersucht ist vom Neid zu unterscheiden: Neidisch bin ich auf Dinge, auf Fähigkeiten, auf Situationen. Eifersüchtig, wenn etwas anderes mir vorgezogen wird. Meist ist es ein anderer Mensch. Aber sogar ein Hund kann die Eifersucht triggern – im Grunde alles, was mir den Rang abläuft. Der Eifersüchtige erlebt eine Bedrohung seines Selbstwertes, weil er nicht mehr die Nummer eins ist oder zu sein scheint.

Sowie jemand anders oder etwas anderes wichtiger wird als ich, besteht die Gefahr, eifersüchtig zu werden. Wenn mein Mann plötzlich nur noch im Fußballverein ist und nie mehr zu Hause, kann ich auf den ganzen Verein eifersüchtig sein. Jede Wichtigkeit im Leben der Person, über die ich mein Glück beziehe, reduziert meine eigene Wichtigkeit. Das ist das Drama der Eifersucht. Eifersucht speist sich daraus, sein Glück über jemand anders beziehen zu wollen, anstatt sich selbst um das eigene Glück zu bemühen. Damit hat der andere mich total in der Hand, und ich habe mich nicht mehr in der Hand. Ich habe sozusagen die Glückskarte abgegeben, wenn ich sage: »Nur du kannst mich glücklich machen.« Unausgesprochenerweise sage ich mit diesem Satz überdies: »Nur du kannst mich auch unglücklich machen.« Das heißt, der andere entscheidet über die Qualität meines Lebens, meiner Stimmungen und meiner Befindlichkeit. Allein die Tatsache, dass ich die Entscheidung über **meinen Glückspegel an jemand anders delegiere**, heißt, dass ich im Bereich meiner »Glücksförderung« ein Defizit habe. Das spüre ich jedoch nicht, solange mich der andere tatsächlich glücklich macht oder ich mich mit dem anderen glücklich fühle. Aber wehe, er geht in den Fußballverein, dann merke ich, wie sehr ich mein Glück in andere Hände gelegt habe, wie sehr ich meinen Glückspiloten entmündigt habe.

Wir können unterscheiden zwischen nach außen gerichteter und nach innen gerichteter Eifersucht. Der nach außen Eifersüchtelnde hasst und verfolgt die andere Person und denkt: »Es liegt weder an mir noch an meinem Schatz, sondern es liegt an dem Dritten im Bunde, der mir das Glück abbaggert, der meinem Schatz einfach die Sicht vernebelt. Ich kann nicht wirklich so unattraktiv sein.« So wird die dritte Person zum Sündenbock gemacht oder der Fußballclub als niveaulos verdammt. Der nach innen Eifersüchtelnde sagt: »Der hat aber auch Recht, die ist auch viel toller.« Damit verschärft er seinen Minderwertigkeitskomplex, der immer hinter der Eifersucht steht.

Die Lösung aus dem Eifersuchtsdrama ergibt sich unmittelbar aus der vorausgegangenen Beschreibung des Phänomens. Es gilt, die Verantwortung für das eigene Glück zu übernehmen, anstatt es in die Hände von jemand anders zu legen. Also immer **Kontakt halten zum Glückspiloten**. Und das heißt eben auch, sich bereits in der total beglückenden Beziehung kompromisslos für sein Glück im Glück einzusetzen. Beispiel: Ich verleugne mich nicht, indem ich mit in die Oper gehe, obwohl mir das nicht gefällt, sondern sage stattdessen: »Es ist wunderbar mit dir, und bestimmte Bereiche teilen wir, aber jenen Bereich teilen wir nicht.« Ich lasse mich also nicht aus Liebe korrumpieren. In jeder Selbstverleugnung gebe ich mich massiv an den anderen ab. Jede Selbstverleugnung ist besonderer Nährboden für Eifersucht. Jeder faule Kompromiss bereitet Eifersucht und Beziehungsdrama vor.

Wichtige Fragen sind: Was macht mich glücklich, zufrieden? Was macht mir Spaß? Warte ich darauf, dass Hugo kommt und mich beglückt? Oder weiß ich selbst, was mich glücklich macht? Dem gehe ich nach. Und es ist gut, wenn wir viele Dinge haben, die uns glücklich machen. Wenn nur Hugo mich glücklich macht, habe ich mein gesamtes Glückspotenzial an ihn delegiert und bin in äußerster Gefahr, zu kompromissbereit zu sein und mit ihm zum Beispiel wider mein Interesse auf den Fußballplatz zu gehen. Wenn ich mir überdies noch einrede, es mache mich glücklich, mit ihm auf dem Fußballplatz zu sein, ist die Selbstverleugnung auf dem Gipfel der Beklopptheit angekommen. Selbst wenn das eine Weile gut geht, baut sich unterschwellig Aggression auf. Das spürt Hugo, fühlt sich unwohl und schaut sich nach einer neuen Freundin um, die sich begeistert mit ihm auf dem Fußballplatz amüsiert …

Navigationssätze

- Wer sein Glück in die Hände eines anderen Menschen legt, ist in der Kralle der Eifersucht. Sobald der Glücksverwalter zusätzliche Interessen entwickelt, egal in welche Richtung, wird das abgegebene »Glück« gefährdet.
- Wenn Kinder dazu benutzt werden, die Wichtigkeit des Partners zu reduzieren, dann wird der Partner eifersüchtig.
- Eltern schwächen das Selbstwertgefühl eines Problemkindes nochmals, wenn sie ein anderes Kind gegen es ausspielen. Wenn sie zum Beispiel sagen: »Guck mal, wie Angelika das schön kann und du nicht.« Angelika wird als Argument gegen das Problemkind benutzt. Dadurch erhält Angelika mehr Wichtigkeit. So wird der Nährboden für zukünftige Eifersuchtsdramen bereitet; denn die Keimsituation für Eifersucht lautet: Jemand anders ist wichtiger als ich.
- Der bedrohte, reduzierte Selbstwert verleitet viele, Wert von außen in sich hineinpumpen zu lassen. Nach dem Motto: Hugo, wo bist du? Pump mich voll mit Wert und Gold! Ich kann nur leben, solange ich die Wichtigste für dich bin.
- Je mehr ich beim Scheitern einer Beziehung verzweifle, desto mehr habe ich mich vorher abgegeben und desto eifersüchtiger bin ich.

- Wenn ich nur über deine Augen wichtig bin, dann brauchst du sie nur zu schließen, und meine Wichtigkeit nimmt ab. Gute Nacht!
- Wer auf Anerkennung von außen angewiesen ist, will sich Wert wie Benzin einfüllen lassen. Er ist besonders zur Eifersucht disponiert, weil er sich von außen holt, was er innen nicht spürt. Der Eifersüchtige braucht permanent Liebesbeweise, das ist sein Benzin. Im krassesten Fall lässt er das Benzin, die Anerkennung, nicht rein und hält den Tankdeckel fest von innen zu.
- Beim Neid gibt es immer nur zwei Komponenten: ich (1) auf etwas (2). Neid ist direkt und unmittelbar.
- Die Eifersucht entsteht dadurch, dass jemand mein Glück verwaltet. Bei der Eifersucht wird mir etwas genommen, und beim Neid habe ich etwas erst gar nicht.
- Mit Eifer das eigene Glück suchen!

Integrationsfragen

- Auf wen bin ich eifersüchtig?
- Welche Erwartungen erfüllt die geliebte Person nicht?
- Wie könnte ich die Verantwortung für diese unerfüllten Erwartungen selbst übernehmen?
- Wen könnte ich außer der abtrünnigen Person noch lieben?
- Wann fange ich damit an?

Tragen wir das Selbstwertdrama der Eifersucht auf der Bewusstseinsskala ein.

0		50		100
Nullinger	**Übergang**	**neutrale Mitte**	**Übergang**	**Fullinger**
Äußerste Not aufgrund von realem oder eingebildetem Liebesverlust. Ausgebrannter Selbstwert: vollständige Abhängigkeit von Liebesbeweisen.	Defizitärer Selbstwert in unterschiedlichem Ausmaß. Angewiesen auf Liebesbeweise. Den anderen brauchen. Eitelkeit.	Unabhängiger Selbstwert ist bewusst.	Weiter wachsender Selbstwert aufgrund der Fähigkeit, immer mehr Verantwortung für das eigene Glück zu übernehmen. Den anderen wollen.	Selbsterkenntnis, die außerhalb von Wert und Unwert Freiheit spürt.

Eigene Position?

Wo auf der Skala ist meine Position, wenn ich mich selbst voll und ganz liebe? Wo, wenn ich auf die Liebeskompetenz all meiner Geliebten lauere?

Flugsatz: Eigensinn ist Selbsterfüllung.

Erleuchtung

Der erleuchtete Geist ist nicht schwer zu erlangen,
sondern unmöglich zu vermeiden.
Ken Wilber

Im Benennen und Sprechen über eine Sache wird die Unmittelbarkeit des Erlebens aufgehoben. Wir gleiten sozusagen vom Erleben in den benennenden Verstand. Es entsteht ein Abstand. Die unmittelbar erlebte Welt wird zum benannten Objekt. Durch das Benennen (oder Reflektieren, Analysieren, Urteilen usw.) »entstehen« Subjekt und Objekt. Kaum, dass wir in der Verstandestätigkeit sind, sind wir raus aus dem Einssein und drin in der Dualität. Das Verrückte ist, dass der Verstand, bedingt durch sein permanentes Abstandhalten, eine Sache nie an sich, unmittelbar, total oder absolut erfassen kann, sondern immer nur relativ, zum Beispiel in Relation zu anderem. Das Helle ist ihm erkennbar, weil es in Relation zum Dunklen steht, durch den Vergleich mit jenem sich herausschält. Das gilt generell: für Leid und Freude, Lustiges und Trauriges, Warmes und Kaltes, eben für alle Gegensätze – diese Dualität oder Dialektik gehört zur Verfasstheit des Verstandes.

Tiere und kleine Kinder, deren Verstand nicht derart ausgebildet ist, erleben und erfahren den jeweiligen Moment unmittelbar, ohne das Erlebte oder die Welt durch begriffliches Einordnen zu relativieren oder einzuzwängen. Sie sind einfach nicht oder noch nicht bei Verstand. Und wer nicht bei Verstand ist, lebt in der **unmittelbaren Gegenwart**. Hieraus ist ableitbar, dass unsere Vorstellung von Zeit mit dem Wachwerden der Verstandestätigkeit in uns aufsteht. Vergangenheit und Zukunft sind auf einmal da. Die Vergangenheit ist mental konservierte Erinnerung, und die Zukunft ist eine Art vorweggenommenes »Leben«, in das wir zum Beispiel Vergangenheitsstoff oder

Träume projizieren. Was uns durch unser Im-Verstand-Sein leider abhanden kommt, ist das Erleben des Augenblicks. (»Werdet wie die Kinder.«) Totale Unmittelbarkeitserfahrungen, Erlebnisse des Einsseins, so genannte Gipfelerlebnisse schleichen sich beim »normalen« Erwachsenen nur selten am Verstand vorbei. Der »normale« Erwachsene gebärdet sich fast ununterbrochen so, wie Heidegger es beschreibt:

> »Der Mensch hält sich im Gangbaren und Beherrschbaren auch da, wo es das Erste und Letzte gilt. … Die Ansässigkeit im Gängigen ist aber in sich das Nichtwaltenlassen der Verbergung des Verborgenen.«[4]

Mit der »Ansässigkeit im Gängigen« meint Heidegger die Ansässigkeit im, wie er es nennt, »gemeinen Verstand«, im Verstricktsein der zweckorientierten Alltagsorganisation. Das Verborgene ist nach Heidegger das Wesen der Wahrheit, das, was sich nicht über den Verstand erfassen lässt: Es ist für den Verstand verborgen (= Verbergung des Verborgenen). Das mindeste wäre nun, im Bewusstsein dessen zu leben, *dass* wir das Verborgene unablässig nochmals verbergen, aber sogar dieses Bewusstsein lässt der Verstand nicht walten (= Nichtwaltenlassen der Verbergung des Verborgenen).

Fazit: Wenn wir das Wesen der Wahrheit erfassen wollen, müssen wir rein ins unmittelbare, unvermittelte Erleben, rein in den Augenblick und raus aus dem Verstand, der Relativität, der Dualität, dem ewigen Auf-Abstand-Sein. Wenn uns das gelingt, dann sind wir mittendrin in dem, was seit Jahrtausenden als Erleuchtungserlebnis, als Unio mystica beschrieben wird. Als Zubringer zu dieser Erfahrung taugt all das, was unsere Verstandesverstricktheit und unser Eingerichtetsein in der Welt lockert;

---

[4] Martin Heidegger, ›Vom Wesen der Wahrheit‹, Vittorio Klostermann, Frankfurt am Main 1954

zum Beispiel extremes Lachen, Verliebtheit, leider mitunter auch »ungünstiges« Schicksal.

Beim Ausstieg aus dem Verstand ist nur wichtig, den Vorderausgang zu benutzen. Also nicht rückwärts in den prärationalen Schlummer von Kind und Tier, sondern vorwärts in den transrationalen Geist der Weisen und Mystiker, um Ken Wilber salopp zu paraphrasieren.

Navigationssätze

- Der Umzug im eigenen Bewusstsein ist der einzig interessante Umzug.
- Man darf auf dem Altar des inneren Kindes seinen Verstand opfern. Dann jubelt es.
- Echte mystische Erfahrung: zu *sein,* was ich erkenne.
- In der mystischen Erfahrung sind wir von nichts und niemandem getrennt.
- Solange wir auf der Suche sind, kann »es« nicht kommen.
- Jeder Mensch ist total glücklich und erleuchtet. Nur merkt er es nicht. Alles ist immer da.
- Vollkommene Ruhe ist die Vorstufe zur Erleuchtung.
- Sowie wir in der Gegenwart sind, haben wir alle Schicksalsschienen verlassen.
- Im Nichtstun schaffe ich das meiste.
- Einen Meister zu lieben, bedeutet nicht, sich zu verlieren, sondern zu sich zu kommen.
- Bewusstseinserweiterung ist nur echt, wenn sie im Einklang mit der Realität ist, sonst drifte ich spleenig ab.
- Kairos, der günstige Augenblick für eine glückliche Fügung, ereignet sich, wenn wir mit uns synchron sind.
- Durch ein Leben in der Gegenwart betreibe ich Vergangenheitsprophylaxe.
- Real werden heißt, aus *jeder* Rollenhypnotisierung herausgehen.

- Alles sein und mit nichts identifiziert sein – das ist Glückseligkeit.
- Erleuchtung ist der kürzeste Weg; so kurz, dass »Weg« schon das falsche Wort ist. Erleuchtung bedeutet zu erkennen, was ist, was zum Beispiel *jetzt* bei mir ist, und dahinter zu gewahren, was immer schon war. Sonst nichts.
- Je mehr ich im Ego hänge, desto weiter bin ich vom Gipfelbewusstsein weg. Hierbei wichtig: Es geht nicht darum, ein guter Mensch zu werden; es geht darum, ein heiler Mensch zu werden. Wenn ich ganz bin, bin ich automatisch gut.
- Auf dem Weg zur Erleuchtung zieht niemals der Vorsatz, sondern immer nur die Sehnsucht.
- Wer sich erreicht, hat alles erreicht.

Erleuchtung und die Bewusstseinsskala

Erleuchtung meint einen gänzlich anderen Bewusstseinszustand: außerhalb aller Verstrickungen und Widersprüche. Also unberührt durch die Bedrängnis der Kausalität ganz und anders werden. Inhaltlich geht es immer um dasselbe: gänzliche Ruhe und Gelassenheit. Im Innewerden der Leere oder der Buddhanatur oder Gottes – egal – erleben wir wirkliche Freiheit und sind das gesamte Weltall. Alles ist offen-sichtlich. Es gibt keine Widersprüche mehr.

Auf rein rationaler Ebene soll unsere Bewusstseinsskala aufzeigen, dass Widersprüche nur möglich sind, wenn unterschiedliche – eben widersprüchliche – Aspekte von einem einzigen Bewusstseinspunkt aus gesehen werden. Beziehen wir alle Punkte auf der Skala ein, lösen sich sämtliche Widersprüche bereits auf rationaler Ebene auf. Entweder Tunnelblick – nur ein Punkt wird für gültig gehalten – oder Panoramablick – alle Punkte werden parallel gedacht. Der Panoramablick kommt in die Nähe dessen, was der britische Schriftsteller Koestler »aperspektivische Schaulogik« nennt, welche Wilber wiederum als wichtige Stufe in der Bewusstseinsentfaltung ausweist. Aperspektivische

Schaulogik bedeutet zum Beispiel, alle Facetten einer Angelegenheit gleichzeitig von allen Blickwinkeln aus (= aperspektivisch) von übergeordneter Warte (= Schau) rational (= Logik) betrachten zu können. Die Krönung erfährt diese Fähigkeit, wenn all diese einzelnen Aspekte gleichzeitig im Bewusstsein präsent sind und gleich gewichtet werden (= wirklich aperspektivisch).

Stellen Sie sich vor, wie Sie die Bewusstseinsskala als Instrument zur Auflösung von Widersprüchen nutzen können und wie Sie dadurch die aperspektivische Schaulogik trainieren. Das macht Gerda neuerdings auch: Sie regt sich nicht mehr über Alfons auf, sondern schnallt, dass sie gerade eine Dimmerrutschpartie nach links macht, anstatt sich auf ihren Glückspiloten zu besinnen.

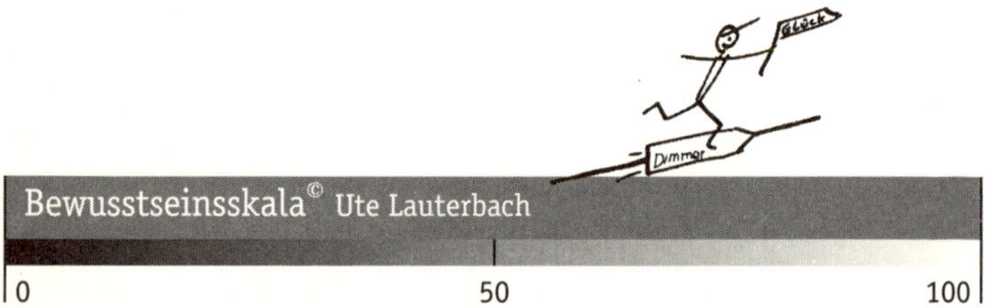

Nullinger	Übergang	neutrale Mitte	Übergang	Fullinger
Alles ist Widerspruch und deshalb widersprüchlich. Verstrickung total.	In abnehmender Verstrickung etwas Luft bekommen.	Rationale Denkfähigkeit ist verfügbar.	Das Transzendieren der egozentrischen Sicht erweitert das Spektrum des Bewusstseins. Mehr Gelassenheit. Wachsende Rationalität.	Aperspektivische Schaulogik. Erleuchtung wird berührt.

Eigene Position?

Wo stehe ich, wenn ich den Kopf so frei habe, wie mir nur möglich ist?

Integrationsfragen

- Gehört es zu meinen Denkmöglichkeiten, dass »höhere« Bewusstseinszustände – genannt Erleuchtung – überhaupt existieren?
  - Wenn nein: Warum nicht? Inwiefern kommt mir ein solcher Zustand suspekt vor?
  - Wenn ja: Halte ich die Erleuchtung für etwas Normales, was jedem zugänglich ist, oder für etwas, was nur wenigen vorbehalten ist?
- Bin ich vielleicht längst erleuchtet, ohne es zu merken?
- Wie könnte ich derart nichts tun, dass ich meine Erleuchtung erfahre?

Was ist Erleuchtung?

Drei möchten wissen, was Erleuchtung ist, und gehen zum Meister. Fragt der Erste: »Meister, was ist Erleuchtung?« Antwortet der: »Nichts Besonderes mehr.« Denkt sich der Erste, dann lohnt sich's wohl nicht. Er geht gelangweilt nach Hause. Dann später nähert sich die Zweite und fragt ebenfalls: »Was ist Erleuchtung?« Sie erhält folgende Antwort: »Nichts Besonderes mehr.« »Aha«, denkt sie sich, »wenn's in der Erleuchtung nichts Besonderes mehr gibt, dann gibt's da wohl auch keine Ablenkung mehr. Ich muss also ruhig werden und auf Ablenkung verzichten«, denkt sie weiter. Sie geht und setzt sich in die Stille – irgendwann ist sie eingeschlafen. Noch später geht die Dritte zum Meister: »Meister, was ist Erleuchtung?« Und der Meister antwortet ihr: »Nichts Besonderes mehr.« Schlagartig realisiert sie, dass das ihr lebendigster und zugleich stillster Normalzustand ist. Sie bleibt beim Meister – nämlich beim Augenblick, in dem sie sowieso gerade ist.

Flugsatz: EigenSinn ist UnSinn.

Festhalten/Loslassen

Halte das Glück wie den Vogel: so leise und lose wie möglich!
Dünkt er sich selber frei, bleibt er dir gern in der Hand.
Friedrich Hebbel

Kein Unterschied zwischen Sich-Haben und Loslassen

Ein Gefühl, einen Schmerz, eine Verhaltensweise wirklich zu haben, bedeutet zunächst, einfach innezuhalten bei dem, was ist. So, als wäre ich zu Gast bei meinem ungeschminkten So-Sein. Ich schaue genau an, was ist, und lasse meinen Wunsch, dieses So-Sein möge anders sein, außen vor. Für eine Weile bleibe ich bei mir, so, wie ich gerade bin: ohne Urteile zu fällen, ohne Veränderungen forcieren zu wollen. Durch dieses Innehalten hören Kampf und Anstrengung auf, die im Nicht-akzeptieren-Können meines So-Seins liegen. Und das bedeutet, dadurch, dass ich bei mir bin, dass ich mich habe – gerade dadurch lasse ich mich los; es ist, als versöhnte ich mich mit mir in einer anstrengungsfreien Zone: Im wirklichen Mich-Haben kann ich jedes Idealbild von mir, jede Vorstellung über mich, jeden Kampf gegen mich aufgeben. Ich will mich, wie ich bin. Ich habe mich, wie ich bin – und genau dadurch habe ich mich losgelassen. Echtes Loslassen geschieht also im voll umfassenden Haben.

Sobald ich von mir fordere, dies und das loszulassen, ist die Anstrengung bereits wieder auf dem Plan und damit echtes Loslassen unmöglich geworden. Diese Art von Pseudoloslassen ist nur eine Spielart des allgemeinen Psychostresses, weil sie nicht Nebenwirkung echten Sich-Habens ist.

Navigationssätze

- Im Nichts-mehr-Halten alles haben.
- Loslassen heißt, die merkwürdige Art unseres Festhaltens zu merken.
- Loslassen ist immer eine Nebenwirkung und kein Ziel.
- Loslassen geht ohne Kampf und Krampf.
- Was ich vor mir selbst nicht verheimliche, kann ich loslassen. Denn nur, was ich bewusst habe, hat mich nicht.
- Mut hat, wer bereit ist, seine Vergangenheit loszulassen.
- Loslassen heißt immer, sich aussöhnen. Jedes andere »Loslassen« ist gewaltsam.
- Das Loslassen geht nur anstrengungsfrei. Was ich mit Bemühung loslasse, das halte ich heimlich fest.
- Festhalten ist Vereiteln von Veränderung.
- An der Grenze lasse ich mich fallen oder gebe mich hin. Ich breche nicht, ich dehne.

Integrationsfragen

- Woran halte ich fest (Dinge, Vorstellungen, Menschen)?
- Welchen realen oder irrealen Gewinn bringt mir das ein?
- Wodurch und wie könnte ich diesen irrealen Gewinn ersetzen?

Alfons hat solche Angst vor dem Alleinsein. Deshalb klebt und klammert er an Gerda. Sobald er von der Angst gepackt wird, krallt er sich an Gerda fest. Das ist ungutes »Festhalten«. Er ist in einer Not, sie fühlt sich bedrängt.

Machen Sie ein Experiment: Unterscheiden Sie das gute vom unguten Festhalten. Das konstruktive Festhalten hat die Qualität von Ausdauer, Beharrlichkeit, Dranbleiben, Wollen. Sie spüren, wie es der eigenen Souveränität – vielleicht einer Vorliebe – entspringt. Beim unguten Festhalten gibt es keinen Spielraum, weil wir von etwas unfreiwillig gepackt werden: sei es von einer

Not, einer Sucht, einem Zwang, einer Einseitigkeit, einer Vorstellung. Wir können auch konstruktiv gepackt werden, zum Beispiel von einer Begeisterung, einer Leidenschaft, einem Interesse. Spüren Sie, wie unterschiedlich diese beiden Arten von Festhalten sind. Deutlich wahrnehmbar ist wieder, dass unsere Seelenweite schwindet, je mehr wir Opfer unguten Festhaltens sind.

In die Bewusstseinsskala eingetragen, sieht's so aus:

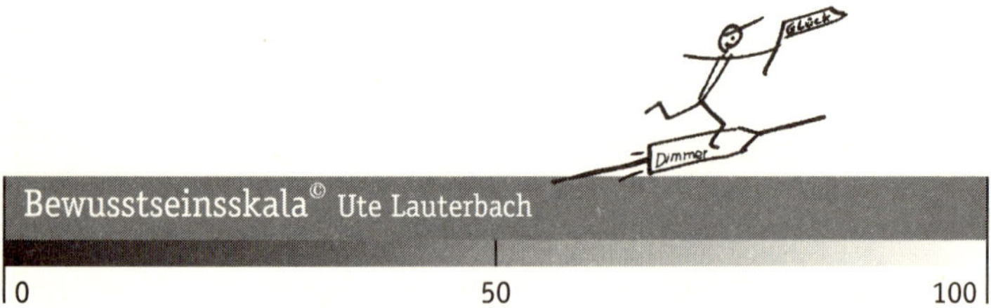

Nullinger	Übergang	neutrale Mitte	Übergang	Fullinger
Unfreiwillig gekrallt werden und selbst krallen.	Angestrengtes Festhalten.	Wählen können, was ich verfolgen möchte.	Das Gewählte umsetzen, ohne darauf versteift zu sein. Auch neu Wählen, also Loslassen möglich.	Losgelassen – erlöst – sein.

Eigene Position?

Wo auf der Skala erlebe ich mich, wenn ich festhalten will, was mir entgleitet?

Flugsatz: Eigensinn befreit vom Fremdsinn – und Un- und Allsinn vom Eigensinn.

Geben und Nehmen

... wir danken dem Leben, indem wir es bedenken.
Thomas Mann

Ich kann nur das wirklich nehmen, wofür ich dankbar bin. Nehmen heißt zustimmen, nicht nehmen ist dumm. Es gibt alles – oftmals nehmen wir es nicht. Wer nimmt, gibt auch sehr oft. Wenn ich nicht nehme, mauere ich mich zu. Die Verweigerung zu nehmen ist im eigenen Innern. Sie entsteht letztlich nicht erzwungenermaßen, also nicht, weil es nichts zu nehmen gäbe. Die Kunst liegt darin, es dort zu nehmen, wo es ist, anstatt darauf zu warten, dass es von einer bestimmten Stelle kommt, also zum Beispiel darauf zu hoffen, dass mein/e Partner/-in endlich ein/e Traummann/-frau wird, und in diesem Warten an den vielen Traummenschen vorbeizugehen. Wir dürfen uns im Namen unseres Ganz- und Anderswerdens zu der Erkenntnis durchringen, dass das Leben ein Selbstbedienungsladen ist und dass es sinnlos ist, darauf zu warten, bedient zu werden. Wer sich nicht bedient, gerät in ein hoffnungsloses Defizit und schraubt seine Erwartungshaltung immer höher, wodurch die Gebekapazität eines jeden Mitmenschen überstrapaziert wird. Wer sich jedoch ausreichend bedient, kann leicht von dem, was er hat, weitergeben und gerät so in einen guten **Gebe-Nehme-Fluss** mit anderen; vergleichbar dem Ein- und Ausatmen.

Um ganz zu werden, muss der Gebertyp das Nehmen lernen und der Nehmertyp das Geben.

Navigationssätze

- Wer gut gibt, nimmt zugleich. Wer schlecht gibt, leert sich aus.
- An der zu hohen Rechnung wird der Fehlkauf erkennbar.
- Es beeindruckt nichts so sehr wie echtes Gefühl.

- Nehmen ist aktiv.
- Wenn ich gebe, ohne zu nehmen, dann werfe ich den anderen in eine Abhängigkeit.
- Oft geben wir, weil wir nicht den Mut haben, uns hinzugeben.
- Bei der Hingabe sind Geben und Nehmen zugleich.
- Sich-Abgeben ist etwas anderes als Sich-Hingeben. Im Hingeben bin ich absolut bei mir.
- Das Fordern kommt aus dem Defizit und setzt den anderen unter Druck. Einfach nehmen ist besser. Erzwingen und Fordern haben etwas gemeinsam: nämlich den heimlichen Glauben, dass mir das Begehrte nicht zustehe.
- Wer Hilfe nimmt, obwohl er stark ist, schwächt sich selbst.
- Vollständige Hingabe ist eine Reise ohne Wiederkehr.
- Die direkte Forderung erleichtert das direkte Nein.
- Was brauche ich? Wo ist es? Und dann hingehen und holen. An der falschen Stelle ist das Holen mühsam.
- Wenn wir das Erstbeste nicht haben können, gestalten wir uns das Zweitbeste. Das ist befriedigender, als vergeblich auf das Erstbeste zu warten.
- Wenn ich etwas habe, kann ich auch etwas geben. Wenn ich so gebe, beschenke ich mich selbst.

Wir können auf vielen Ebenen nehmen und geben. Zum Beispiel auf:

1. materieller Ebene (Dinge und physische Kraft),
2. seelischer Ebene (Anteilnahme, Empathie, Verständnis, Liebe),
3. geistiger Ebene (inspirierende Ideen, Anregungen, Problemlösungen, Verstehen),
4. spiritueller Ebene (Herzensweite und Energie).

Tragen wir zwei Aspekte im Geben-Nehmen-Spiel auf der Bewusstseinsskala ein:

Bewusstseinsskala© Ute Lauterbach

0		50		100
Nullinger	**Übergang**	**neutrale Mitte**	**Übergang**	**Fullinger**
auf wirtschaftlicher, pekunärer Ebene				
Geiz, Verschwendungssucht, Kaufzwang.	Fehlkäufe. Wirtschaftliches Durcheinander. Zuviel oder zuwenig haben.	Klares Wertbewusstsein und wirtschaftliche Kompetenz: was und wie viel und wofür.	Immer befriedigendere Umsetzung von Projekten auf materieller Ebene.	Geben und Nehmen sind wie Ein- und Ausatmen.
auf energetischer Ebene				
Maximaler Einsatz für nix. Ausgelaugtsein.	Kräfteverschleiß am falschen Ort.	Klare Einschätzung der eigenen Energie. Geben-Nehmen-Balance.	Stimmiger Einsatz für eigensinnige Projekte, Ideen und dadurch Zuwachs an Energie.	Bewusstsein von unbegrenzter Potenzialität.

Eigene Position?

Die eigene Position lässt sich auch ganz umfassend bestimmen. Im Grunde in *jeder Hinsicht*. Ich kann positionieren,

- wo ich in Bezug auf die materielle, seelische, geistige, spirituelle Ebene allgemein stehe,
- wo in Bezug auf verschiedene Personen,
- wo jetzt in diesem Augenblick.

Ferner kann ich alle anderen Lebensthemen erfühlen und ihre seelische, geistige und körperliche Färbung meines Bewusstseinszustands ausmachen und auf der Skala eintragen. Nehmen wir bezüglich Gebe-Nehme-Status ein Beispiel. Vera ist Angestellte und hätte gerne eine Gehaltserhöhung. Also ein Anliegen auf materieller Ebene. Sie verdient eigentlich so viel wie andere in ihrer Sparte. Trotzdem fühlt sie sich unterbezahlt, weil sie auch auf energetischer und seelischer Ebene viel gibt. So ist sie immer gut drauf, ausgleichend und sorgt für eine fröhliche Stimmung in der ganzen Firma. Ganz anders Rudolf. Er hat dasselbe Anliegen wie Vera; auch er verdient im Rahmen seiner Fähigkeiten genug. Als Kind wurde er von seinem größeren Bruder schikaniert und fühlte sich ewig zurückgesetzt. Er entwickelte ein Minderwertigkeitsgefühl, das dauerhaft an ihm nagt. Deshalb will er die Gehaltserhöhung. Ihm ist nicht bewusst, dass er energetisch, seelisch und sogar geistig nimmt.

Durch eine differenzierte Positionierung erkennen sich beide genauer. Rudolf versteht, dass er seine soziale Kompetenz erhöhen muss, und Vera kann ihre eigenen Fähigkeiten noch klarer sehen und schätzen.

Integrationsfragen

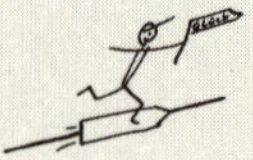

- Wem gebe ich?
- Von wem nehme ich?
- Gebe ich genug? Nehme ich genug?
- Besteht ein Ausgleich? Möglicherweise durch Geben und Nehmen in verschiedenen Bereichen?
- Wenn nicht: Wo und wie könnte die Balance hergestellt werden?

Flugsatz: Fremdsinnig geben, eigensinnig nehmen.

Gott

... Gott um Gottes willen lassen,
damit er mir bleibt.
Meister Eckehart

Ein aufrichtiger Querulant findet endlich eine weise Frau, und von der will er es wissen:

Querulant: Jetzt sag mir, ob es Gott gibt.

Weise: Nimm Werden manchmal als Zeichen.

Querulant: Das ist keine klare Antwort. Und als Zeichen wofür?

Weise: Im Moment ist sie dir noch nicht klar.

Querulant: Das verstehe ich auch nicht. Aber wenn du von »noch nicht klar« sprichst, dann hast du noch etwas Klareres, etwas, das später vielleicht zu verstehen ist, in der Hinterhand. Sag es mir sofort, bitte!

Weise: Verstehst du Neues?

Querulant: Warum nicht?

Weise: Neues meiden die meisten.

Querulant: Mich interessiert Neues; das heißt, hauptsächlich will ich wissen, ob es Gott gibt.

Weise: Das meinst du nur –

Querulant: Wie! Das meine ich nur? Ich will es wirklich wissen. Und du kannst es mir sagen, aber irgendwie rückst du nicht raus mit der Sprache. Willst du's mir nicht sagen?

Weise: Es gibt nichts zu sagen. Und es gibt in Sachen Gott nichts zu wissen.

Querulant: Du sprichst in Rätseln.

Weise: Verständlicherweise, denn Gott ist ein offenbares Geheimnis.

Querulant: Also entweder offenbar oder Geheimnis!

Weise: Für manche offenbar, für die meisten Geheimnis.

Querulant: Für mich anscheinend Geheimnis, sonst müsste ich dich nicht fragen. Und was muss ich tun oder verstehen, damit Gott für mich offenbar wird?

Weise: Versteh nur, dass Meinungen über Gott nichts mit Gott zu tun haben. Und tun musst du nur wenig –

Querulant: Ja, und was?

Weise: Nur morgens zum Tag bereit sein und ihn von Moment zu Moment leben.

Querulant: Das kann's nicht sein, denn ich bin jetzt schon jeden Morgen für den Tag parat, und Gott ist mir trotzdem nicht im mindesten offenbar.

Weise: Du bist nicht für Momente bereit. Nur für Altes und Geplantes. Du bist nicht für dich, nicht für Gott parat.

Querulant: Und wie wäre ich, wenn ich für mich oder Gott bereit wäre?

Weise: Du wärest hellwach und könntest dich überlassen. Deine Wachheit wäre nicht durch Gedanken irritiert. Du wärest nicht zwischen dir und deinem Erleben.

Querulant: Wie bitte? Wo? Wie dazwischen?

Weise: Einfach nichts. Das wäre das Neue.

Querulant: Soll ich vielleicht als dumpfer Blödmann mit Leerhirn durch die Landschaft ziehen, anstatt meine Projekte zielgerichtet zu verfolgen?

Weise: Wirkliche Projekte schieben wir nicht als Ziel vor uns her, sondern die sind wir.

Querulant: Irgendwie fühle ich mich genervt, weil du nicht klar sagst, was jetzt mit Gott los ist. Aber das kenn' ich schon, diese Geheimnistuerei derjenigen, die behaupten, einen besonderen Draht zu Gott & Co. zu haben.

Weise:	Es gibt keinen Draht und keinen Gott, den du dir vorstellen könntest. Nicht, weil dein Vorstellungsvermögen nicht ausreichte, sondern weil Vorstellen bereits die falsche Zugangsart ist.
Querulant:	Und was wäre die richtige Zugangsart, die mir Gott offenbar machte? Soll ich glauben oder beten?
Weise:	Nur nicht mehr tun, als für Gott verträglich ist.
Querulant:	Also gibt es Gott! Irgendeinen Gott, für den irgendwas verträglich ist.
Weise:	Nein –
Querulant:	Ja, was jetzt?
Weise:	Nur dich. Und für dich sind Glauben und Beten nicht verträglich.
Querulant:	Ich dachte, für Gott seien sie nicht verträglich.
Weise:	Genau! Mehr habe ich dir nicht zu sagen.

Der aufrichtige Querulant versinkt ins Nachdenken. Und sagt dann so halb vor sich hin: »Ach so!«[5]

Wenn wir das Thema »Gott« auf der Skala veranschaulichen wollen, brauchen wir nur unseren Bewusstheitsgrad darzustellen und aus ihm unser »Verhältnis« zu »Gott« abzuleiten. Eine allgemeine Beschreibung unseres Nullinger-Erlebens sieht so aus: Wir sind uns fremd, sind uns gleichsam abhanden gekommen, erkennen und verstehen uns selbst nicht mehr. In der Verlorenheit des Fremdsinns sind wir ausgesetzt und ungeborgen. Die Welt ist unheimlich. Der Bezug zu uns und anderen ist abgerissen. In anderer Terminologie ließe sich auch von desolater Gottverlassenheit sprechen. Auf der Übergangsstrecke zur Mittelposition reduziert sich allmählich das Gefühl der Fremdheit,

[5] Weitere Ausführungen finden Sie auf dem Tonträger ›Wo versteckt sich Gott?‹.

um schließlich in der Mitte dem Erleben der Möglichkeit von Ichstärke, Geborgenheit und Eigensinn zu weichen. Vorher bietet die innere Hölle in verschiedenen Graden eine willkommene Landefläche für die Du-sollst-nicht-merken-Industrie: Highlights, Zerstreuung, Beschwichtigungen, Lebkuchenherzen, Tranquilizer, Orden, Versicherungen, Plüschtiere, Unterhaltung ohne Ende. Aber wir merken unterschwellig doch, dass uns etwas fehlt – dass wir uns selbst fehlen.

Auf dem Weg Richtung Fullinger spüren wir uns stärker und stärker, wissen auf geheimnisvolle Weise mehr um uns. Zufriedenheit und existenzielles Aufgehobensein – im Gegensatz zur Plüschsofa-Geborgenheit – nehmen zu. Wir verausgaben uns nicht mehr, sondern investieren uns. Indem wir uns in unsere eigensinnigen Projekte werfen, nimmt unsere Kraft zu, anstatt uns auszulaugen. Wenn es gut läuft, wenn unser Tun unter einem guten Stern steht, erfüllen uns Kreativität, Spontaneität, Inspiration. Wir wachsen über uns hinaus – anstatt im Nullinger zu schrumpfen. Im Fullinger-Sog sind wir beflügelt. Durch den Kräftezuwachs und die Freisetzung unseres Potenzials erleben wir eine Nähe zum Leben, von der wir im Nullinger-Sumpf nicht glauben, dass es sie gibt. In anderer Terminologie könnten wir diesen beglückenden Flow-Zustand auch als Gottnähe definieren. Am Fullinger nimmt das **glückselige Erfülltsein** von nichts als der Fülle selbst solche Ausmaße an, dass wir uns vollkommen abhanden kommen – aber eben nicht untergehend wie am Nullinger, sondern aufgehend, uns übersteigend. Hier wird wieder die Frage brisant, was am rechten Rand geschieht.

Betrachten wir die Skala:

Bewusstseinsskala© Ute Lauterbach

0		50		100
Nullinger	**Übergang**	**neutrale Mitte**	**Übergang**	**Fullinger**
Desolate »Gottferne«. Äußerstes Ausgesetztsein.	Überdecken der inneren Ödnis – auch über »Heils-angebote«, die keine sind.	Kraft spüren wie ein Pferd vor dem Sprung. Existenzielle Geborgenheit ist ahnbar.	Im eigensinnigen Über-sich-Hinaus-wachsen von etwas Größerem getragen werden.	Erfülltsein vom Mehr als wir. »Gottnähe«.

Eigene Position?

Wohin beame ich mich auf der Skala, wenn ich mir einen Gott vorstelle, an den zu glauben mir eine Freude wäre?

Navigationssätze

- Gott ist erfüllte Sehnsucht.
- Indem ich den Gott draußen anbete, verhindere ich den Gott im eigenen Innern.
- Es gibt kein Gefälle zwischen Gott und Mensch.
- Wer sich selbst treu bleibt, rückt Gott näher.
- Alle Heiligen waren radikal.
- Erst heil, dann heilig.
- Die Scheinheiligen klammern die halbe Welt aus, die Heiligen nehmen die ganze Welt.
- Heilig werden wir nicht, heilig sind wir.
- Das raffinierteste Versteck des Teufels ist im Kirchengott.
- Sich im Schönen zu verlieren ist Ankunft.

Integrationsfragen

- Wie steht es mit meinem Gott?
  - Gibt es ihn?
  - Will er etwas von mir?
  - Nervt er?
  - Liebt er mich, wie ich bin?
- Sollte ich ihn vielleicht mal erlösen?
  (Zum Beispiel von dem Bild, das ich von ihm habe.)

Flugsatz: Voller EigenSinn ist AllSinn.

Hass

Wer vermag denn zu lieben? Wer kann es?
– Noch keiner.
Rainer Maria Rilke

Was ist Hass? Drehen wir einfach eine Definition von Liebe um. Die Liebe sagt: »Gut, dass es dich gibt«, und der Hass sagt: »Oh, wenn es dich bloß nicht gäbe.« Die Liebe stellt eine Daseinsbestätigung aus, der Hass eine Daseinsauslöschung. Hassende sind so intensiv auf einander bezogen wie Liebende. Wer hasst, hockt im Energiestau. Wer liebt, ist energetisch im Fluss. Deshalb lohnt es sich, den Hass aufzulösen. Gehen Sie so vor:

- Schauen Sie sich den Stau an.
- Positionieren Sie Ihre Hassbefindlichkeit auf der Bewusstseinsskala.
- Fragen Sie sich, was Sie tun können, um in Bezug auf die gehasste Person einen freieren Kopf, ein weiteres Herz zu bekommen.
- Tun Sie es.
- Schauen Sie sich an, in welcher Weise Sie die gehasste Person zum Sündenbock gemacht haben, um selbst nicht auf eine Handlungskonsequenz kommen zu müssen. Nach dem Motto: »Es ist leichter, dich zu hassen, als mich von meinem Sündenbock über meine Schattenanteile belehren zu lassen.« So hasse ich dich zum Beispiel, weil du immer unpünktlich bist und in der Nase bohrst, und bemerke nicht, wie sehr ich darunter leide, dass ich mich selbst mit einem Pünktlichkeitswahn geißele und mir »körperliche Saloppheiten« verbiete.
- Integrieren Sie Ihre Schattenanteile, indem Sie Ihre Projektionen zurücknehmen. Konkrete Hinweise finden Sie in den Kapiteln »Integration« und »Projektion« sowie ausführlicher in Ute Lauterbach, ›LiebesErklärungen‹ (dtv).

Warum ist Hass überhaupt möglich? Mit Partnern werden die Kindheitsthemen besonders leicht wiederholt. Ein Kind ist total abhängig von der Zuwendung der Eltern und kann deshalb auch Lücken in der Versorgung als existenziell bedrohlich, als »Ich soll nicht sein« erleben. Ein Partner muss dann nur eine verletzende Bemerkung machen, und schon läuft der alte Kindheitsfilm – wegen der vergleichbar großen Nähe. Schwupp! Wieder fühlen wir uns in unserer Daseinsberechtigung bedroht.

Wir haben nicht gelernt, auf eine gute Art mit Unliebsamem, Ungerechtem umzugehen. Wir stauen es an. Dem Hass geht oft die Unfähigkeit voraus, auf die richtige Art rechtzeitig klare Worte zu sprechen. Weil dieser rechtzeitige Zeitpunkt verstreicht, ist irgendwann später nur noch der Hass als blanke Unfähigkeit da.

Hass ist ein Versagen im Kontakt. Eine Spielart dieses Versagens ist das Eingehen falscher Kompromisse, die vorzüglicher Treibstoff für Hass sind. Sie bedeuten, dass wir uns selbst überspringen. Wer sich überspringt, ist bereits Opfer von Selbsthass – in welcher Dosierung auch immer.

Und was steckt hinter dem Selbsthass? Selbsthass heißt: Ich wünsche, dass *ich* nicht bin, ich will die eigene Existenz nicht. Hierzu kommt es bei extrem geringem Selbstwertgefühl und extrem geringer Selbstakzeptanz, die jegliche Freude und jeglichen Genuss untergraben können. Wer in der Kindheit das Gefühl hatte, von anderen gehasst worden zu sein oder nicht erwünscht gewesen zu sein, der münzt diese Einstellung ihm gegenüber folgendermaßen um: Weil die mich nicht wollten, kann ich auch nichts wert sein. Wenn ich nichts wert bin, dann will ich auch nicht sein. **Fremdablehnung wird zur Selbstablehnung**.

Solche Menschen suchen Partner/-innen, durch die sie erfahren, dass sie eben doch gewollt sind. Diese Partner tragen gewissermaßen die Last, den Selbsthass permanent aufheben zu müssen. Sie werden dadurch extrem wichtig und müssen zudem noch die Eifersucht ihrer selbstwertamputierten »Schützlinge« aushalten. Dadurch sind sie häufig derart überfordert, dass sie die Beziehung nicht aufrechterhalten können, was dem Selbsthasser wieder die Bestätigung liefert: Aha, ich bin nicht erwünscht.

Das Ausmaß des Hasses hat so viele Schattierungen, wie zwischen Mittelposition und Nullinger denkbar sind. Sich oder anderen die Daseinsberechtigung abzusprechen, leidenschaftlich die Nicht-Existenz zu wollen, zeugt vom Klammergriff des Nullingers. Auf der Übergangsstrecke zum Fullinger wachsen Selbst- und Fremdakzeptanz. Im Fullinger-Gefühl existenzieller Geborgenheit ist alles und sind alle unendliche »Gewolltheit«.

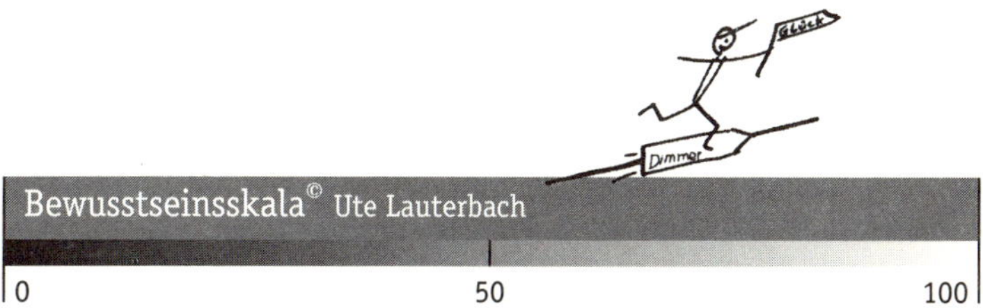

Nullinger	Übergang	neutrale Mitte	Übergang	Fullinger
»Sei nicht« – Absprechen der Existenzberechtigung.	Proportional zum Ausmaß des Hasses wird die eigene Kraft oder die anderer gebrochen.	Neutrale Gleich-Gültigkeit. Akzeptanz ist möglich.	Liebende Akzeptanz der eigenen Person und anderer wächst.	Bedingungslose Liebe.

Eigene Position?

Wo bin ich, wenn ich hasse?

Navigationssätze

- Mit jedem Hass hasse ich mich selbst.
- Jeder Groll ist Selbstvergiftung.
- In jedem Hass steckt eigene Energie.
- Eine Drohung ist eine Art Versprechen mit umgekehrtem Vorzeichen.
- Hass ist umgekippte Liebe. Für Menschen, die mir egal sind, habe ich gar nicht so starke Emotionen.
- Verletzte schlagen um sich.
- Hass ist immer Selbsthass, Liebe immer Selbstliebe – beide gehen nach innen wie nach außen.
- Meine eigenen Grenzen bestimmen die Grenzen in meinem Kontakt.
- Das Leben ist zu schön und zu kurz, um zu hassen.

Integrationsfragen

- Wen hasse ich? Seit wann?
- Welche (heimliche) Wichtigkeit hat die gehasste Person?
- Könnte ich ihr das sagen?
- Was ist das Unerledigte in dieser Hassbeziehung?
- Will ich es erledigen?
  - Wenn ja: Wie?
  - Wenn nein: Was bringt mir das Weiterhassen?

Flugsatz: Hassende verraten ihren Eigensinn.

Heilung

Der Himmel hilft immer denen, die das,
was sie verstanden haben, auch umsetzen.
Sophokles

Heilwerden heißt Ganzwerden. Ich unterscheide zwei Heilungskategorien:

1. **Die kleine Heilung**, bei der ich ein wenig heiler werde, indem etwas Abgespaltenes wiedergewonnen wird, indem zum Beispiel eine in der Kindheit verbannte oder vereitelte Fähigkeit wiederauflebt und so wieder in meine Gesamtpersönlichkeit integriert wird. Mit jedem Integrationsschrittchen werde ich ein Stückchen heiler, anders und eigensinniger. Mit dem Fallenlassen jeden Kampfes und Widerstands gegen mich selbst geschieht Integration und das heißt Heilung. Immer, wenn ich zu dem stehe, was bei mir gerade ist, verringert sich der Abstand zu mir selbst, und auch das ist jedes Mal ein kleiner Baustein im Heilungs- und Integrationsprozess. Jeder Fortschritt in dieser Heilungskategorie schiebt den Dimmer nach rechts, ist Rückenwind für unseren Glückspiloten.
2. **Die große Heilung**, bei der ich völlig zu mir komme, alles integriert ist, weil ich mich mit nichts mehr auf Abstand halte, weder durch nicht gelebte Möglichkeiten noch durch Ressentiments, Groll, Ängste oder fixe Vorstellungen. In einem solchen ganzheitlichen Zustand gibt es einfach keine Landefläche für Leid. Sie entspricht der Ankunft beim Fullinger.

Alles, was die kleine Heilung fördert, dient auch der großen Heilung und umgekehrt. Welche Therapieform wir auch wählen, alles, was zu unserer Ganzwerdung beiträgt, ist kostbar. Alles, was Spaltung und Verdrängung begünstigt, ist Zeit- und Energieverschwendung. Was immer unsere Religion auch sei – sie taugt, wenn sie uns an uns rückbindet; ein Anliegen, das bereits in dem Wort »religio« = Rückbindung ausgedrückt wird. Das Gleiche gilt für unsere Partnerschaften, unseren Beruf, für sämtliche Bezüge und Aktivitäten in unserem Leben: Alles, was uns zu uns vermittelt, was uns also eigen-sinniger macht, fördert Heilung und Ganzwerdung; alles, was uns von unserem eigentlichen Kern und das heißt unserem innersten Wohl- und Ruhigbefinden abtreibt, begünstigt Spaltung und Elend.

Das hat auch Gerda gut begriffen. Deshalb wollte sie, dass Alfons ganz und heil wird und sich entwickelt. Es dauerte ziemlich lang, bis auch Alfons sich dazu entschloss. Er setzte sich erst einmal hin und überlegte. Dann packte er einen Koffer und fragte Gerda, wohin er gehen solle. Darauf wusste sie keine Antwort und begann nun ihrerseits, sich zu entwickeln und heil zu werden.

Navigationssätze

- Verbotenes tun ist unglaublich therapeutisch.
- »Ich habe gewählt, nichts zu verändern« – das ist die minimalste Veränderung, die sich jeder leisten kann.
- Der beste Ausstieg ist Verzicht auf Sicherheit.
- Wer das Wünschen lernt, erhöht sein Gespür für die eigenen Bedürfnisse.
- Sichdurchsetzen ersetzen durch Sichausdrücken.
- Jeder verstandene Umweg kann zur Abkürzung werden.
- Der spannendste Trip ist der Trip zu sich selbst; alles andere sind Ersatzreisen.

- Verantwortung für sein Leben zu übernehmen heißt, mit der Selbstsabotage aufzuhören.
- Eine gute Therapie ist so überraschend und verblüffend wie unsere Träume.
- Auf der Spur der Lösung wird gelacht.
- Am Unbehagen entlang auf die feinsten Ausläufer von Schicksal reagieren!
- Klein anfangen hat den Vorteil, dass überhaupt angefangen wird. Mit jedem kleinen Schritt kommt Power.
- Sich aus seinem Muster herauszubewegen, ist die größte Bewegung.
- Nur was ich konkret mache, wirkt sich aus.
- Das ist der Erfolgstrip: dass etwas erfolgt ist.
- Sich eine Macke mal zu gönnen, kann extrem heilsam sein.
- Ich ziehe um in die reale Welt, raus aus meinem Film, und schon bin ich gerettet.
- Ich bin erst wirklich gesund, wenn ich dafür dankbar bin.
- Leben, als wenn es normal wäre, normal zu leben.
- Eine kleine Lösung wirkt mehr als die Konzentration auf hundert ungelöste Sachen. Jede kleine Lösung dehnt sich aus.
- Aufzuhören, die Heilung zu forcieren, das hilft.
- Sichtbarmachen heilt.
- Permanente Selbstbildkorrektur ist heilsam.
- Sinnvolle Therapie ist im Einklang mit mir und nicht gegen mich.
- Der kleine Quatsch verhindert den großen Nervenzusammenbruch.
- Alles wird friedlich, wenn es den richtigen, ihm gemäßen Platz hat.

Integrationsfragen

- In welcher Hinsicht bin ich nicht heil?
- Was genau fehlt mir?
- Wie ließe es sich ergänzen?
- Was für eine Art Mensch wäre ich, wenn ich heil wäre?
- Was könnte ich tun oder lassen, um mein Leben gemütlicher zu machen?

Flugsatz: Wenn Eigensinn mit GanzSinn und AndersHeil fliegt, ist alles gut.

Helfersyndrom

Wohltaten sind etwas, das man aufdrängt,
daher lehne ich sie rundweg ab.
Fernando Pessoa

Helfen misslingt, solange wir glauben, wir wüssten, was für andere gut ist. Und es misslingt, solange wir glauben, irgendjemandem irgendetwas abnehmen zu können: Jeder muss sein Leben leben, seinen Tod sterben, seine Schmerzen und Freuden fühlen. Es ist beleidigend und schwächend, andere in irgendeine Richtung lenken zu wollen. Oft sind es die fundamental Hilflosen, Ohnmächtigen und Richtungslosen, die zum Beispiel die Ohnmacht anderer nicht ertragen, weil sie an ihre eigene gemahnt, und die deshalb diesen Ohnmächtigen eine Richtung aufdrücken wollen, um die eigene Hilflosigkeit nicht zu spüren. Es ist immer verdächtig, wenn Veränderungswille und »Verbesserungsvorschläge« auf *andere* angesetzt werden. Wer die eigene Befindlichkeit überspringt, steht natürlich in der Gefahr, auch die anderer zu überspringen. Wer von einem derartigen Helferwillen beseelt ist, kann sicher sein, dass sein eigenes Ganzsein auf der Strecke geblieben ist – und zwar genau in dem Ausmaß, in dem er anderen sein Hilfsprogramm überstülpt.
Helfen gelingt, wenn wir glauben, jeder habe seine eigenen Lösungen und Antworten in sich. Es gelingt, wenn wir anderen so viel Raum im Gespräch und in unserem Herzen geben, dass sie ihre eigene Richtung entdecken können.

Wenn wir uns selbst helfen und uns unsere eigene Richtung erlauben, werden wir ganz. Wenn wir ganz sind, sind wir auch ganz anders und lieben, was stets bedeutet, den anderen ihre Richtung zu lassen.

Sich selbst oder anderen zu helfen, heißt immer, Wege zum Eigensinn und letztlich zum EigenSinn zu gehen und gangbar zu machen. Und wenn wir wirklich hilflos und ganz konkret auf die Unterstützung anderer angewiesen sind? Dann steht und fällt das stärkende Helfen mit der richtigen Dosierung. Zu viel schwächt. Zu wenig lässt die Not noch mehr aufkommen. Der wirkliche Helfer muss Seiltänzer sein, um weder zur einen noch zur anderen Seite zu fallen. Je mehr er in sich selbst ruht, umso besser kann er das Gleichgewicht halten und umso besser anderen helfen. Das erste Gespür für das Gleichgewicht des In-sich-Ruhens haben wir in der Mittelposition. Jede Position links davon nimmt dem anderen, jede rechts davon gibt dem anderen Kraft. So kommt es, dass die pure Anwesenheit mancher Menschen schwächt und die anderer stärkt.

Bewusstseinsskala© Ute Lauterbach

0		50		100
Nullinger	**Übergang**	**neutrale Mitte**	**Übergang**	**Fullinger**
Wut und Verzweiflung des hilflosen Helfers.	Kompensatorisches und schwächendes »Helfen«, um eigene Not nicht zu spüren. Hilfe müsste an die eigene Adresse gehen.	Echtes In-sich-Ruhen. Unverstricktheit ist bereits Wohltat für andere.	Durch wachsende Ich-Stärke und innere Ruhe andere wirklich stärken können.	Sich selbst verschenkende Fülle, die hilft, ohne es zu beabsichtigen.

Bevor Alfons mit dem Koffer in der Tür stand, wollte Gerda ihm immer helfen. Er wurde schwächer und schwächer. Sein Selbstwertgefühl war komplett im Keller. Er kam sich vor wie eine Lebensniete.

Seit sich Gerda selbst hilft, geht es Alfons richtig gut. Er hat sogar zehn Kilo abgenommen – ganz von allein.

Eigene Position?

Wo stehe ich auf der Bewusstseinsskala, wenn meine Hilfe nicht angenommen wird? Wo, wenn sie angenommen wird? Wo positioniere ich meine Befindlichkeit, wenn ich mir selbst helfen kann?

Navigationssätze

- Wenn ich frustriert bin, dass der andere meine Hilfe nicht annimmt, bin ich im Helfersyndrom.
- Das schwere Los des Helfers: der Undank derjenigen, die er in die Schwäche gedrückt hat.
- Verlasset die Helfer, denn sie profilieren sich nur an der Schwäche des anderen.
- Aushalten, dass es Leid gibt, das können die Helfer nicht.
- Jede Art von Trost, die ich ungebeten erhalte, ist eine Beleidigung.
- Tränen sind Leidauflösungssaft. Wer sie »wegtrösten« will, schadet dem Weinenden.
- Echtes Helfen bedeutet, ich lege frei, was da ist. Nicht: Ich lege was dazu.
- Wenn die Mitleider mehr leiden als der Urleidende, wird es richtig bekloppt.
- Was über den Anstoß hinausgeht, ist zu viel. Es geht um Starthilfe und nicht um Durchschleppen.
- Die Kranken und Depressiven stärkt, wenn wir ihnen etwas zumuten. Das Schonen schwächt sie noch mal.
- Wirklich helfen kann ich nur, wenn mir selbst schon geholfen ist.
- Wohltuende Hilfe ist getragen von Begeisterung, Freude und Liebe.

Integrationsfragen

- Wem helfe ich, *ohne* einen Ausgleich zu bekommen?
- Was ist dennoch mein »Gewinn«?
- Wie könnte ich mir diesen »Gewinn« anders verschaffen?

Flugsatz: Oft hilft das EigenErsonnene, weil es am besten passt.

Ideale

Nur tote Fische schwimmen
immer mit dem Strom.
Rita Süßmuth

Für unsere Ganzwerdung ist es förderlich, alle Ideale aufzugeben. Ganz- und Heilwerden bedeutet zu integrieren, zu sich hin zu wachsen. Es liegt in der Natur von Idealen, dass sie ewig außer Reichweite sind; das heißt, sie fordern uns geradezu auf, von uns weg zu »wachsen«. Im Vergleich zu unseren Idealen sind wir immer im Rückstand, sonst wären es keine Ideale. Ideale lassen uns also permanent einen Mangel spüren und ziehen uns ständig von uns weg. Deshalb rücken wir bereits durch das Aufgeben aller Ideale näher an uns selbst heran, bejahen uns mehr und reduzieren den fruchtlosen Entwicklungsstress in Richtung Ideal. Wir werden durch die Beerdigung unserer Ideale mehr und mehr ganz und natürlich auch anders.

Oder wie wäre es mit dem Gegenteil?

Für unsere Ganzwerdung ist es besonders förderlich, Ideale zu entwickeln und zu pflegen. Ganz- und Anderswerden bedeutet, die Verstrickungsgrenzen des Ichleins zu sprengen. Es liegt in der Natur von Idealen, Dimensionen zu öffnen, die uns Flügel verleihen auf dem Weg zur Ich-Stärke und zum Fullinger. Im Vergleich zu unseren Idealen sind wir *immer* im Rückstand, weshalb die Bezauberung des Sehnsuchtssogs über uns hinaus nie endet. Ideale lassen uns also permanent unsere besseren Möglichkeiten und weite Dimensionen spüren. Deshalb überschreiten wir uns bereits durch die Pflege unserer Ideale. An die Stelle von fruchtlosem Entwicklungsstress tritt die Beflügelung durch Ideale, die uns über manche kleinliche Verstrickung hinwegschweben lässt. Wir werden durch die Pflege unserer Ideale mehr und mehr ganz und natürlich auch anders.

Ob wir es so oder so sehen – an beiden Ausführungen ist etwas dran. Muss unser Verstand angesichts dieser Widersprüchlichkeit nun endgültig einpacken? Wie immer gilt:

Widersprüche sind durch Differenzierung lösbar.

Wir können die Bewusstseinsskala auch als eine Skala verstehen, die Widersprüche auflöst, weil sie ein bestimmtes Thema nicht über *einen* Kamm schert, sondern über eine komplexe Skala schiebt.

Illustrieren wir es am Thema dieses Kapitels:

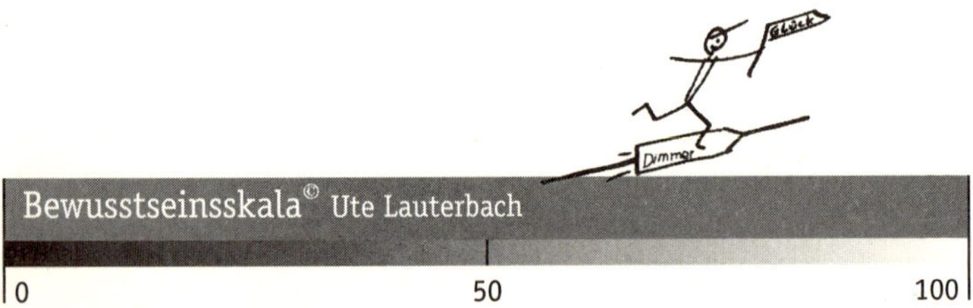

Nullinger	Übergang	neutrale Mitte	Übergang	Fullinger
Tilt im Versagen fremdbestimmter, lebensferner, unnatürlicher »Ideale«.	Tiltchen in verschiedenen Graden.	Bewusstsein für die Selbstbestimmung von Idealen.	Wachsende Ich-Stärke durch die Zugkraft eigenbestimmter Ideale.	Berühren des Idealen.

Eigene Position?

Wo bin ich auf der Skala, wenn mich Ideale oder Vorstellungen begeistern, wenn sie mich ziehen? Wie positioniere ich mich, wenn ich Druck und Überforderung durch zu hoch gesteckte Ideale erlebe?

Es geht darum, sich seine Ideale zu vergegenwärtigen und sie dann aller Fremdbestimmung zu entkleiden. Sie zu ersetzen durch reale Ziele und eigensinnige Ideale.

Navigationssätze

- Mit jedem Ideal will ich aus der Verletzung fliehen, anstatt mich ihr zu stellen.
- In der Bemühung, ein Ideal zu erreichen, überfordere ich mich selbst.
- Treibstoff für das Unglück sind Ideale und Ansprüche.
- Jedes Ideal züchtet das Gegenteil im Untergrund.
- Der Sinn von Zielen: uns in Bewegung zu versetzen.
- Jede Entscheidung gilt nur für den Augenblick, das heißt, im nächsten Augenblick kann ich neu entscheiden.
- Ziele zu hoch anzusetzen, ist ein guter Trick, sich zu verhindern.
- Je angestrengter wir uns bemühen, umso weniger kann sich ereignen.
- Vollkommenheit ist langweilig; wer total lebt, hat sie überwunden.
- Ich nähre meinen Groll, wenn ich mich krampfhaft zum »Gutsein« zwinge.
- Mit dem falschen Wunsch klinkst du dich in den Irrtum ein.
- Prüfungen zu bestehen, ist nicht so wichtig.
- Verdrängter, gesunder Egoismus führt zu krassem Egoismus.
- Wer stolz ist auf seine Ideale, motzt sich auf.
- Ziel allen Suchens ist, zu erkennen, dass wir nicht zu suchen brauchen.

Integrationsfragen

- Welche Ideale habe ich?
- Durch welche realen Ziele könnte ich sie ersetzen?
- Wie sieht der erste Schritt zu dem jeweiligen Ziel aus?
- Wann gehe ich ihn?

Flugsatz: Nichts braucht einen Sinn, wenn alles Sinn ist.

Integration

Es ist nie zu spät, das zu werden,
was man hätte sein können.
George Eliot

Integration hat zwei Dimensionen:

1. **Abgespaltenes integrieren**, also zurückerlangen, reanimieren, was auf der Strecke geblieben ist.
2. **Neues erwerben**, Potenzial freilegen, also in der Evolution voranschreiten.

Beide Prozesse fördern einander: Je mehr vom alten Schmerz aufgearbeitet ist, umso bereiter für Neues ist der Mensch. Und je mehr das Neue zieht, umso weniger »attraktiv« ist es, im Verstrickungsmüll zu kleben. Links von der Mittelposition haben wir das Aufarbeiten und rechts das Neuerschließen. Beides bedeutet Zugewinn und ist als Integration zu betrachten.

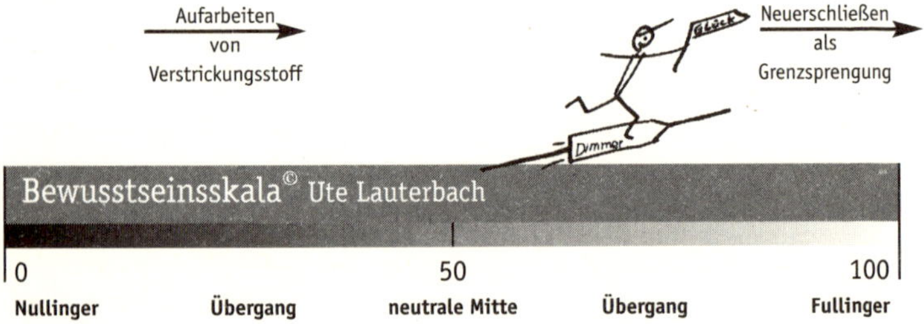

Zu beiden Integrationsformen biete ich Seminare an. Salopp formuliert geht es in dem einen Seminartyp um Entmüllung, im anderen um den Übergang und Ausstieg zu uns selbst. Oder anders formuliert: weg vom Nullinger (erster Typ), hin zum Fullinger (zweiter Typ).

Eigene Position?

Fühlen Sie den Unterschied zwischen Aufarbeiten (= Erleichterung) und Neuerschließen (= Begeisterung)? Spüren Sie, wie beides Ihren Dimmer nach rechts schiebt?

Zur Hoffnung verdammt?

Wir erhoffen immer das, was uns fehlt. Im Hoffen sind wir in die Zukunft und nach außen gewandt. Wer hofft, bejaht nie das, was gerade ist. So wird die einzige Zeit des Lebens, nämlich die Gegenwart, übersprungen, und das heißt: Wir überspringen uns selbst beim Hoffen. Da soll was anderes her, um unser Leben besser, leichter oder schöner zu machen. Und dieses andere – steht es für ein tatsächliches oder für ein eingebildetes Manko? Wer oder was in uns hofft eigentlich? Wie versuchen wir, unsere Hoffnungen wahr werden zu lassen und unsere Wünsche zu erfüllen? Sind wir dabei erfolgreich? Gibt es einen wirklich effizienten Weg zur Erfüllung – jenseits allen Hoffens?

Hinter jeder Hoffnung verbirgt sich ein Bild vom besseren, mankofreien Zustand oder Leben. Wer oder was erzeugt dieses Bild? Es ist der Verstand mit seinem Hauptjob, uns zu schützen und vor Verletzung und Untergang zu bewahren; ferner mit seinen eingebauten Wertvorstellungen, seinen Idealen, seinem Besserwissen und Rechthabenwollen. Die schon ausgeführten Merkmale des Verstandes (vgl. Erleuchtung, Seite 56 ff.) zeigen sich ganz deutlich beim Hoffen: nämlich seine Abwendung von der Gegenwart und die permanente Abständigkeit von dem, was gerade ist, also von der Wirklichkeit. Im Hoffen und Harren hält das Hirn uns zum Narren. Hier passiert etwas Verrücktes: Durch das Hoffen selbst halten wir das Erhoffte auf Abstand. Das ist die Heimtücke unseres Verstandes. Er verhindert (»er« – das heißt *wir*, solange wir nur aus unserem Verstand bestehen) die unmittelbare Erfahrung unserer immer schon vorhandenen Ganzheit und Integriertheit. Das Wahnsinnige ist also, dass wir uns ständig bemühen, das, was wir ersehnen oder erhoffen, auf Abstand zu halten.

PS: Das Befürchten ist übrigens die miese Ausgabe des Hoffens. In seiner generellen Bauart ist es ganz genauso.

Drei Königswege zur Integration

1. Ich beschaffe mir selbst tatkräftig, was mir fehlt, sei es auf Äußeres bezogen oder auf Inneres, zum Beispiel Fähigkeiten oder Wissen. (Anstatt auf Partner zu warten, die über das verfügen, was mir fehlt [= Projektion], und anstatt zu beten, auf dass Gott von außen eingreife.)
2. Ich beende meine Selbstverhinderung und beginne ein Leben in der Gegenwart. Um die Mechanismen meines Verstandes zu durchschauen, positioniere ich mich immer wieder auf der Skala. Nicht wertend, sondern nur feststellend beobachte oder bezeuge ich, was der Verstand ununterbrochen produziert. So lockere ich die Identifikation mit ihm, um sie schließlich ganz aufgeben zu können; was letztendlich bedeutet: Ich finde mich glückselig und integriert in diesem Losgelöstsein. (Vgl. hierzu auch das Kapitel Zeugenbewusstsein.)
3. Ich begreife, dass mir gar nicht fehlt, was mir zu fehlen scheint.
   Beispiele:
   - Ich hoffe, dass aus meinen Kindern etwas wird. (Ich realisiere, es ist schon etwas aus ihnen geworden; sie sind einfach meine Kinder.)
   - Ich hoffe, dass ich nach dem Tod weiterlebe. (Ich realisiere, dass ich jetzt lebe, vor dem Tod, wie gut!)
   - Ich hoffe, dass ich einen Menschen finde, den ich total lieben kann. (Ich realisiere, dass es bereits Menschen gibt und ich liebesfähig bin.)

Navigationssätze

- Beste Art von Exorzismus: Nimm das an, was du loswerden willst.
- Dankbarkeit ist ein Gefühl, das befreit, weil es bejaht.
- Leid hat das Ziel, Integration zu fördern.
- Mit jedem Groll verhindern wir Integration.
- Jede Aussöhnung ist ein Stück Integration. Das ist geradezu ein Naturgesetz.
- Möglich ist nur, was wir für möglich halten.
- Wenn integriert, dann kein Drama.
- Wer ausgeklammert wird, kann nur noch um sich schlagen. Er macht alles, um wieder hineinzukommen.
- Wenn ich mich dem Ausgeklammerten widme, wird Neues möglich.
- Jemanden aufnehmen, ist auch eine Form von Integration.
- Wer integriert ist, hofft und befürchtet nichts mehr. Er genießt, was ist.
- Wir besitzen nur das, wofür wir dankbar sind.
- Ganzwerden können wir nicht, indem wir uns von außen ab-, auf- oder nachfüllen lassen.
- Integration ist die Folge der richtigen Handlungskonsequenz.

Integrationsfragen

- Habe ich die drei Königswege zur Integration ernsthaft für mich in Erwägung gezogen?
- Wie ließe sich mein Leben durch sie klären?
- Bete ich, bevor ich meine Möglichkeiten ausgeschöpft habe?

Bewunderung

Meine Bewunderung für dich
entfacht das Wunder, das Wunderbare in mir,
lässt mich ahnen,
dass auch ich Flügel haben könnte –
zunächst segle ich in deinem Wind,
dann gibt es nur noch Liebe
und fliegen.

Unterschied zwischen Bewunderung und Neid: In der Bewunderung lasse ich mich heben und treiben im Wind deiner Fähigkeiten. Neid ist pervertierte Bewunderung: Ich zersetze in mir die Möglichkeit, deine Fähigkeiten selbst zu entwickeln oder zu genießen.

Flugsatz: Integration ist, zu sich selbst zu kommen, was wiederum bedeutet, sich entäußern zu können. So wird der EigenSinn zur Sprungschanze in den AllSinn.

Je – desto

Je mehr der Angewohnheiten sind, die ein Mensch hat, desto weniger ist er frei und unabhängig.
Immanuel Kant

Bei »je – desto« handelt es sich um Konjunktionen, die einen inneren Zusammenhang, etwa eine Kausalität, der beiden aufeinander bezogenen Satzteile herstellen; zum Beispiel: Je x, desto y. Die Qualität oder das Ausmaß von x bestimmt Qualität und Ausmaß von y. Meist ist es so, dass eine Komponente – also entweder x *oder* y – spürbar ist. Untersuchen wir den Satz: *Je höher das Ideal, desto höher der Frust,* dann stellen die meisten fest, dass der Frust viel unmittelbarer ins Erleben tritt als das Ideal. Der Zusammenhang zwischen beiden lässt sich vorzüglich für unser Ganzwerden nutzen: Anstatt gegen den so unliebsam spürbaren Frust anzukämpfen, können wir uns um das weniger spürbare Ende kümmern, unsere Ideale überprüfen und sie zur Frustlinderung herunterschrauben. So gelingt uns Änderung durch »schräg versetztes« Lösen. Für unser Anderswerden und die **Stärkung unseres Eigensinns** ist es also günstiger, am einfacher anzugehenden Ende der Je-desto-Aussage anzusetzen.

Navigationssätze

- Je langweiliger das Leben, desto größer der Krimikonsum.
- Je größer der Schmerz, desto unmittelbarer die Gegenwart.
- Je ungelöster die Elternbeziehung, desto mehr projizieren wir.
- Je intimer die Beziehung, desto höher die Gefahr des Wiederholens von alten Problemen.
- Je starrer die Normen, desto eher brechen wir aus.

- Je länger das Unglück währt, desto weniger habe ich es angenommen.
- Je totaler gelebt, desto geringer die Angst vor dem Tod.
- Je indirekter der Kampf, desto mieser ist er.
- Je starrer die Meinung, desto massiver die Deutungsbrille.
- Je mehr wir uns im Alterungsprozess entknasten, desto mehr verjüngen wir.
- Je größer die Bemühungen, alles in den Griff zu bekommen, desto weniger hat man im Griff.
- Je mehr wir nicht so werden wollen wie die Eltern, desto mehr werden wir wie die Eltern.
- Je weniger Projektion, desto mehr echtes Leben.
- Je weniger du machst, desto mehr geschieht.
- Je Hammer erleb, desto weiterbring.
- Je mehr du die anderen kritisierst, desto wichtiger ist es, dass du deinen eigenen Psychohygieneprozess förderst.
- Je danebener, desto mehr gibt es zu lachen.
- Je integrierter, desto höher der Selbstwert. Je höher der Selbstwert, desto geringer die Eifersucht.
- Je authentischer ich bin, desto weniger Ersatzreaktionen kommen vom Gegenüber.
- Je vehementer das Ja-aber, desto massiver ist die Abwehr.
- Je kontrollierender der Verstand, desto größer ist das Chaos.
- Je ruhiger der Verstand, desto wilder die Ekstase.
- Je blöder, desto aufschlussreicher.
- Je authentischer wir sind, desto mehr werden wir gemocht.
- Je bekloppter man ist, desto größer ist die Not.
- Je untergeordneter man ist, desto eher wird man krank.
- Je integrierter wir sind, desto mehr Glück empfinden wir.

Integrationsfragen

- In welchen Aussagen habe ich mich besonders wiedergefunden?
- Was sind die für mich günstigen Handlungskonsequenzen?
- Gibt es Aussagen, die mich verletzt oder geärgert haben?
- Verletzende Aussagen müssen einfach falsch sein, und ich kann sie getrost verwerfen, oder?

Flugsatz: Je größer der Eigensinn, desto mehr lieben wir andere.

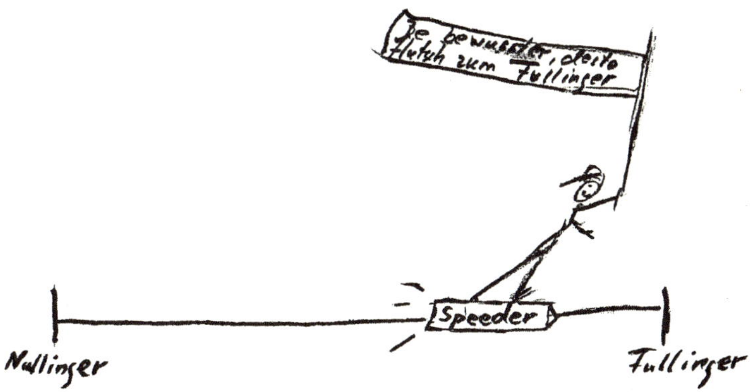

Jetzt

Nur der Augenblick zählt,
und der schöne Augenblick ist unvergänglich.
Antal Szerb

Unser Erinnerungsvermögen konserviert Gewesenes. Unser Vorstellungsvermögen antizipiert und entwirft Kommendes. Unser Jetzt-Gefühl liegt immer zwischen dem Es-war und dem Noch-nicht. Die Tatsache, dass sich unser Bewusstsein in diese zwei Richtungen über das Jetzt hinausbewegen kann, vermittelt ein Gefühl von »Strecke«, »Länge« anstatt von jeweils punktuellem Augenblick. Das Strecken- oder Längengefühl nennen wir Zeit und die beiden Richtungen Vergangenheit und Zukunft.

Im Erinnerungsstreifen gibt es Objekte oder Menschen, die sich verändern, die vergehen. So entsteht die Vorstellung von Vergänglichkeit. Zeit als solche ist im Grunde eine Ausstülpung unseres Gedächtnisses.

Sie ist nicht ursächlich verantwortlich für Vergänglichkeit und Abnutzung. Das ist ein anderer Prozess, und doch geschieht alles im Zeitstreifen. Zu unserem Zeitkonzept gehört auch noch das unabänderliche Nacheinander, die Linearität der Ereignisse: erst Babysein, dann Greis, niemals umgekehrt. Linearität und Erinnerungsvermögen ermöglichen den Vergleich von Baby und Greis; wir stellen fest: Jetzt bin ich im Vergleich zu früher relativ alt und im Vergleich zu später relativ jung. So entsteht das Strudeln im Relativitätstheater. Genau das ist fatal, weil wir dadurch von dem, was wir eigentlich sind, und von dem, was jetzt im Moment spürbar ist, abgelenkt werden. Das wiederum bedeutet nicht nur, dass wir die Gegenwart als die einzige Zeit, die wir erlebnismäßig echt haben, verpassen, sondern auch, dass wir uns selbst verpassen, nicht voll ausschöpfen.

So gehen wir vielwisserisch, vieldenkerisch und vielgeplagt an unserer wertvollsten Selbst- und Sinnerkenntnisrampe vorbei.

Das Jetzt ist der Ausgang aus der Zeit. Aber wo ist der Eingang ins Jetzt? Ganz einfach: in der Spontaneität, der Kreativität, der Hingabe, dem Quatsch-Machen, im vollständigen Innehalten, im körperlichen Auspowern, in der Ekstase, in der Kontemplation, im sekündlichen Neuanfang, beim Sprung ins kalte Wasser, im Überwältigt-Werden von Schönheit, in der bedingungslosen Liebe – kurz in allem, was uns am Fullinger-Punkt landen lässt.

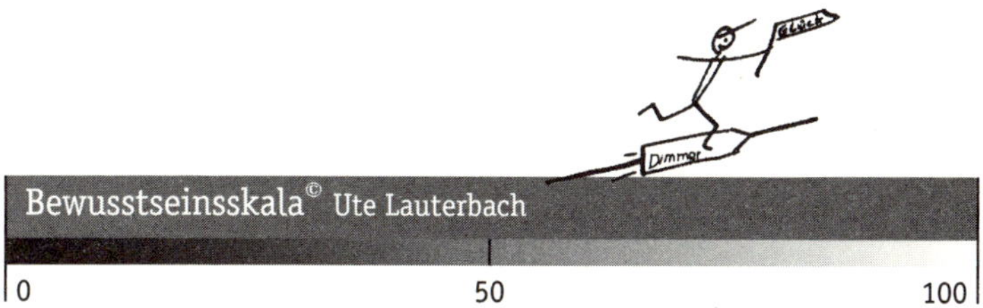

Nullinger	Übergang	neutrale Mitte	Übergang	Fullinger
Todesangst. Überwältigende Macht der Vergangenheit.	Vergangenheit wiederholt sich und sorgt für Zukunftsängste.	Die Möglichkeit von Gegenwart tut sich auf.	Freudiges Gegenwarts-erleben.	Zeitlosigkeit, Wirklichkeit.

Eigene Position?

Wo bin ich jetzt?

Navigationssätze

- *Jetzt* ist die einzige Zeit, die wir haben.
- Emanzipation von der Zukunft = Erweiterung der Gegenwart.
- Zeitliches Abhakenmüssen verhindert die Gegenwart.
- Begrenzungen in der Vergangenheit führen zum Traum von einer unbegrenzten Zukunft. Beides ist Illusion.

- Kaum ist die Zukunft in Gefahr, fängt die Gegenwart an.
- Lebendigkeit ist außerhalb von Gewohnheit.
- Weil wir warten, verpassen wir die Gegenwart.
- In schweren Krisen kann man nicht von der Zukunft träumen; da muss man in der Gegenwart sein.
- Das Jetzt als Transformation von Vergangenem.
- Sobald wir im Leistungsdruck sind, sind wir raus aus der Gegenwart.
- Sorgen speisen sich aus der Vergangenheit und werfen sich auf eine Zukunft, die jetzt nicht ist und wahrscheinlich so wie befürchtet nie sein wird.
- Der beste Zeitpunkt ist immer jetzt.
- Störende Vergangenheit ist alles, was unerledigt ist.
- Der Vorteil an der Vergangenheit: Sie ist vorbei.
- Wenn wir mit der Zeit im Wettlauf sind, dann nehmen wir die Zeit zu ernst.
- Nunc stans: im Augenblick geborgen sein.
- Wer gut in der Gegenwart lebt, betreibt Zukunftsprophylaxe.
- Wenn wir viel gute Zeit haben, verliert die schlechte Zeit an Gewicht.
- Solange wir auf die Zukunft schielen, ist Leben unmöglich.
- Die Zeit, die immer nur kommt, ohne jemals zu bleiben, drückt uns doch glatt jedes Jahr einen Geburtstag aufs Auge.
- Jetzt ist immer.

Integrationsfragen

- Wie viel Gegenwart habe ich pro Tag?
- Wie oft halte ich inne, um mich auf das Wesentliche zu besinnen?
- Ist meine Freizeit freie Zeit?
- Wie steht es um meine Gewohnheiten? Welche möchte ich bewusst noch einmal wählen? Welche möchte ich aussortieren durch bewusste Neu-Entscheidung?
- Was beginne, was beende ich, weil jeder Tag der wichtigste ist?

Flugsatz: Wer im EigenSinn badet, vergisst die Zeit.

Kontrolle und Zwang

Unterlassene Handlungen ziehen oft
einen katastrophalen Mangel an Folgen nach sich.
Stanislaw Jerzy Lec

Neulich konnte ich mithören, als das Unbewusste eines Zwangskranken sprach. Es sagte:

»Das Leben wäre gefährlich,
es geriete außer Rand und Band,
wenn ich es nicht bezwänge
und in Schach hielte
und nicht meiner Vorstellung unterwürfe.
Da bin ich sogar bereit,
meine Zeit,
meine Kraft
und zur Not auch meine Freude zu opfern,
um der Lebensbedrohung durch das Leben
zu begegnen.
Mir drohte nämlich *Leben* durchs Leben,
wenn ich nicht ständig aufpasste.«

Als ich versuchte, mit diesem Unbewussten zu sprechen, hörte es weg und wollte sich nicht bewegen. Mir gelang es gerade noch, ihm meinen Notruf für alle Fälle zu geben. Wochen später rief es mich an und sagte ganz erschöpft: »Das Leben macht ja doch, was es will. Ich habe meinen Kampf aufgegeben und bin ganz erstaunt, dass ich noch lebe, beziehungsweise dass ich *jetzt* überhaupt erst lebe.«

Gestern habe ich es zufällig getroffen und gesehen, dass es ganz versunken war in ein wunderschönes Spiel. Als ich es fragte, ob Hingabe gefährlich sei, schüttelte es lächelnd den Kopf.

Wie lassen sich Zwang und Kontrolle auf der Bewusstseinsskala veranschaulichen? Am Nullinger-Punkt versagen auch noch die Kontroll-, also die Schutz- und Sicherungsmaßnahmen. Panik. Auf dem Weg zur Mitte bietet die Kontrolle vermeintlich Schutz, weshalb das Gesamtvertrauen sich auf die Kontrollmaßnahmen wirft. In der Mitte der Skala beginne ich, auf mich selbst zu vertrauen, was sich steigert, bis am Fullinger-Punkt das Vertrauen grenzenlos ist.

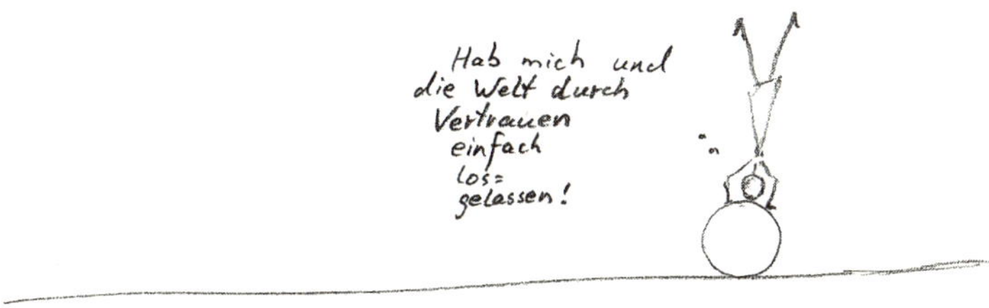

Eigene Position?

Wo positioniere ich mich, wenn ich voller Vertrauen bin, wo, wenn ich misstraue und kontrolliere?

Navigationssätze

- Je kontrollierter, desto größer das Ungetüm, das sich im Untergrund entwickelt.
- Mit Kontrolle können wir alle in die Flucht schlagen.
- Veränderung zulassen bedeutet Kontrollverlust und erfordert deshalb Mut.
- Je größer die innere Sicherheit, desto überflüssiger die Kontrolle.
- Die bestimmte Art eines Zwanges weist immer darauf hin, wo der wunde Punkt war (ist).
- Zwang ist das Hinein-gestrudelt-Werden in einen Kontroll-

prozess, der sich verselbstständigt hat und den man nicht stoppen kann.

- Vom Gefühl des Zwangskranken her gesprochen, ist der Riss in seiner Kontrolle gleichbedeutend mit dem Ausbruch von absolutem Chaos.
- Wer sich dem Zwangskranken unterwirft, ist ein Co-Abhängiger und stabilisiert dessen Zwanghaftigkeit.
- Der Gegenspieler von Zwang und Kontrolle ist Vertrauen. Je mehr Vertrauen ich habe, umso weniger muss ich kontrollieren.
- Die Kontrolle soll Sicherheit und Stabilität garantieren, also Vertrauen künstlich konstruieren.
- Vertrauen ist die Morgenröte am Horizont der Zwangskrankheit.
- Zwang ist Stabhochsprung ohne Stab.
- Zwang ist die Unfähigkeit, das Leichte und Bewegliche zuzulassen.
- Die beste Therapie für Zwang ist die Erfahrung, dass das Leben ohne Pseudosicherheit genauso sicher ist.
- Außerhalb des Zwangsterrains nicht umgekommen zu sein, diese Erfahrung begünstigt die Heilung von Zwang.
- Kontrolllosigkeit ist eine Form naturbedingter Hingabe.

Integrationsfragen

- Wann kann ich vertrauen?
- Wie fühlt sich Vertrauen für mich an?
- Wofür bin ich wirklich verantwortlich?
- Wie möchte ich mein Leben gestalten? Womit fange ich an?
- Kann ich wirklich sicher sein, dass meine Kontrolle ihren Dienst erfüllt? Wie lebe ich, wenn ich glaube, sie wäre sicher? Und wie, wenn ich's nicht glaube? Was ist schöner?

Zwanghafte Menschen können sich näher rücken, indem sie in folgendem Satz *x* und *y* gemäß ihren Empfindungen schriftlich ausführen: Ich kontrolliere *x*, weil ich *y* befürchte.

Flugsatz: Der Eigensinn rät: »Vertraue auf mich, und die Welt wird harmlos.«

Lachen

Des Ichbewusstseins Beseitigung
ist fürwahr das höchste Glück.
Gautama Buddha

Im Ergriffenwerden von einem Lachanfall geraten wir augenblicklich in einen köstlichen Abstand zu uns selbst. Dieser ist vielleicht das tiefgreifendste Merkmal des Lachens. Zweifach nehmen wir Abstand im Lachen:

Erstens von unserer ichhaften Egostruktur bestehend aus Schmerz, Vergangenheit, Lebensmustern, Erwartungen (= unerfüllte alte Bedürfnisse); kurz: von unserem durchschnittlichen Alltagsbewusstsein.

Zweitens nehmen wir auch Abstand von der so genannten Ernsthaftigkeit des Lebens. Im Lachen über das Leben und alle seine letztlich doch komischen Begleitumstände gehen wir heraus aus der Identifikation mit allem Unwesentlichen. So entsteht sowohl ein Abstand von unserem Pseudo-Selbst wie auch vom Pseudo-Leben.

Umgekehrt formuliert können wir von einer zweifach gewonnenen Nähe sprechen: Nämlich *erstens* der Nähe zu unserem ursprünglichen, lebendigen Sein. Diese Nähe erfahren wir ganz unmittelbar durch das gute Gefühl, das – auch physisch – beim Lachen erlebbar ist. Wir könnten hier auch von der Nähe zu unserem eigentlichen Selbst sprechen. Das Lachen als guter Zubringer zur Selbstfindung! Hieraus leite ich meine Definition des Selbst ab: **Das Selbst ist das, was von mir bleibt, wenn ich mich kaputtlache.** Erspüren Sie genau, wie voll und leer zugleich dieser Zustand ist (Fülle des Nichts). Voll ist er, weil wir uns von Lebendigkeit und Freude erfüllt fühlen, so als wenn nur Leben pur da wäre. Und leer ist er, weil der ganze Alltagskleinkram ins Bedeutungslose und Lustige absinkt.

Zweitens können wir von der Nähe zum uns Umgebenden sprechen. Im totalen Lachanfall fühlen wir ein umfassendes Verbundensein. Überprüfen Sie anhand Ihrer Erfahrung: Ist es nicht so, dass wir immer unmittelbar mit denen verbunden sind, mit denen wir herzlich lachen? Fremdheitsgefühle, Andersartigkeiten, Unstimmigkeiten usw. haben im Miteinander – solange das Lachen währt – einfach keinen Platz. Es ist unmöglich, mit jemandem zu lachen und gleichzeitig gegen diesen Menschen zu sein.

Ken Wilbers genialen Entwurf vom Spektrum des Bewusstseins nachzeichnend, stoßen wir hier auf ein außerordentliches Phänomen: Nach Wilber faltet sich das Bewusstsein in immer weiter werdende Dimensionen auf. Ganz eingeengt ist der Egobereich (Persona), als Nächstes kommt die *gesamte* Psyche und wieder als Nächstes Psyche und Körper – die Ausfaltung geht immer weiter, bis in letzter Instanz die von ihm so genannte Geistebene erreicht ist.[6] Diese Geistebene kennzeichnet absolute Unterschiedslosigkeit, absolutes Nichtgetrenntsein, wie es auch in der Nirwanavorstellung des Buddhismus anklingt. Es zeigt sich also, dass wir durch das Lachen nicht nur vorzüglich mit unserem eigentlichen Selbst verbunden werden, sondern auf eine ganz wesenhafte Weise auch mit den anderen und dem uns Umgebenden. Durch das Lachen bewegen wir uns also schnurstracks auf die Geistebene zu.[7] Wie schön die Sprache die Ich-Transzendierung mit »wegwerfen«, »tot-« beziehungsweise »kaputtlachen« zum Ausdruck bringt.

---

[6] Vgl. Ken Wilber, ›Das Spektrum des Bewusstseins‹, Scherz, Bern/München/Wien 1987

[7] Auf dem Tonträger *»Wer zuletzt lacht, lacht zu spät«* werden die positiven Auswirkungen des Lachens anhand spaßiger Köstlichkeiten aus der Weltliteratur direkt erfahrbar gemacht.

Eigene Position?

Wo positioniere ich meine grundsätzliche Lachbereitschaft? Bin ich ein Leichtlacher oder ein Kaumlacher?

Navigationssätze

- Im Lachen löst sich Identifikation auf.
- Über sich selbst zu lachen, ist ein großes Stück Freiheit.
- Das ganze Leben ist ein Humortraining.
- Wer lacht, ist nicht im Stau.
- Wer nicht lacht, ist immer dem eigenen Blickwinkel verhaftet.
- Großes Wissenschaftsprojekt: Wer kann worüber nicht lachen?
- Wer Angst hat, das Vertraute zu verlassen, lacht in der Regel weniger.
- Humorlose sind oft Typen, die etwas Starres haben.
- Ein Mensch, der nie lacht, ist seelisch krank.
- Raus aus der Norm, rein ins Lachen.
- Seine eigene Rigidität zu unterwandern, fördert die Lachbereitschaft.
- Wer null Abstand zu sich hat, kann nicht über sich lachen.
- Der homo ridens als Vorstufe zum homo illuminans.

Es gibt so viele Lachnuancen, wie unsere Bewusstseinsskala breit ist. Das hämische, zynische, sarkastische Lachen links vom Dimmer unterscheidet sich wahrlich vom herzlichen, frohgemuten Lachen. Am Fullinger-Punkt, wo das Ich transzendiert ist, werfen wir uns weg vor Lachen, oder wir lachen uns kaputt beziehungsweise tot.

Bewusstseinsskala© Ute Lauterbach

0		50		100
Nullinger	**Übergang**	**neutrale Mitte**	**Übergang**	**Fullinger**
Bösartiges, trennendes Lachen. Zynismus.	Auslachen. Häme. Sarkasmus in unterschiedlichem Ausmaß.	Offene Lachbereitschaft.	Zugewandtes, verbindendes Lachen – in wachsendem Ausmaß.	Restlos aufgehen im Lachen.

Integrationsfragen

- Wie oft lache ich?
- Worüber lache ich?
- Mit wem kann ich besonders gut lachen?
- Wann vergeht mir das Lachen?
- Was nehme ich zu ernst?
- Worüber könnte ich sozusagen trotzdem lachen? Wann fange ich damit an?
- Und wie?

Flugsatz: Wer sich selbst zu ernst nimmt, ist Opfer von Fremdbestimmung, die den Eigensinn erstickt.

Leiden

Mir fehlt etwas, nach dem mich nicht verlangt,
und ich leide, weil dies nicht wirklich leiden ist.
Fernando Pessoa

Gott sagte: »Wenn Sie ganz schnell dreizehn Antworten auf die Frage *Was ist Leiden?* geben können, dann werden wir Sie befreien.« Und sie antwortete:

»1. Leiden ist eine Form von Dummheit.
2. Leiden ist eine Art, am Alten festzuhalten.
3. Leiden ist Mangel an Phantasie.
4. Leiden ist ungewolltes Einrichten im Heimischen.
5. Leiden ist Verhinderung der eigenen Freiheit.
6. Leiden ist misslingende Liebe.
7. Leiden ist Verweigerung der Alternative.
8. Leiden ist mangelndes Vertrauen, das auf äußere Sicherheit ausweicht.
9. Leiden ist der Glaube ans Unglück.
10. Leiden ist die Genugtuung der Verletzten.
11. Leiden ist die pervertierteste Form der Kontaktaufnahme.
12. Leiden ist eine Bestrafungsmaßnahme.
13. Leiden ist die unbefriedigendste Illusion.«

Da zog Gott respektvoll seinen Hut vor ihr und wollte sie erlösen. Doch siehe, es war schon vollbracht.

Navigationssätze

- Wenn Verletztheit auf Verletztheit stößt, verabschiedet sich der Kopf.
- Einmal ärgern ist erlaubt. Alles, was darüber hinausgeht, ist Selbstvergiftung.
- Leiden schreit immer nach der Sinnfrage.

- Alles Chronische weist auf eine Leugnung und Missachtung des Akuten hin, sowohl körperlich als auch psychisch.
- Seelenstress entsteht durch Nichthingucken. So bleiben alte Wunden offen.
- Mit jedem negativen Gefühl vergiften wir uns selbst.
- Manche klammern sich an das Leid wie ein Ertrinkender an den Balken.
- Nachtragend sein heißt, man trägt sich selbst die ganze Vergangenheit nach. Wer trägt? Der Nachtragende.
- Alle negativen Gefühle sind Ersatzgefühle für etwas, das wir nicht leben.
- Brüllendes Kopfweh heißt oft, wir haben zu lange gewartet.
- Mit dem Mitleid binden wir uns an den anderen.
- Mitleiden heißt, ich will dir tragen helfen.
- Nicht das Leben ist schlimm, sondern unsere Reaktionen darauf.
- Jede Verwicklung nimmt mir Kraft für die Gegenwart.
- Das Elend fängt an, wenn wir vergleichen.
- Wir leiden immer am Nichtgesagten.
- Jahre des Leids erfordern nicht nochmals Jahre des Wiedergutmachens.
- Ein nicht zugelassener Schmerz ist immer da.
- Verachtung ist eigene Not, die sich am Bewusstsein vorbeischleicht.
- Jeder Schmerz, der uns zugefügt wird, basiert auf einem Missverständnis.
- Leidensdruck und Verliebtheit pushen einen über die Schwelle von Angst- und Schuldgefühlen.
- Mit unserem Leiden bestrafen wir nur uns.
- Tiefes Mitfühlen verbindet uns mit dem Wesentlichen.

Integrationsfragen

- Schaue ich mir mein Leid wirklich genau an?
- So genau, dass eine Handlungskonsequenz unvermeidlich ist?
- Welche?
- Was gewinne ich, wenn ich x, y, z verliere oder aufgebe?

Jedes Leiden basiert auf einem Verlust – sei er seelischer, geistiger, körperlicher, zwischenmenschlicher, materieller oder spiritueller Natur. Deshalb ist alles Leiden logischerweise nur durch Nicht-Anhaften zu überwinden. Je weniger wir anhaften, umso mehr Abstand haben wir zum jeweiligen Verlust oder zur jeweiligen Situation.

kein Abstand = große Anhaftung

Oder anders formuliert: Je verstrickter wir sind, umso mehr kleben wir an unserer inneren (und äußeren) Situation. Woran haften wir im Nicht-Anhaften? Vielleicht am Nichts? Kann uns das Nichts ausreichend erfüllen? Nur im Sinne eines freien Herzens, Kopfes, als inneres Nirwana – und dann ist es nichts anderes als der Fullinger auf unserer Skala.

Nullinger
Null Abstand zu sich selbst. Auge, das sich selbst nicht sieht. Keine innere Verbindung zum anderen.

neutrale Mitte
Neutral objektiver Abstand zu sich selbst.

Fullinger
Fullsight. Keine Identifikation mit dem Ich. Klares Weltauge, größtmögliche Nähe, innere Verbindung zum andern und zu allem.

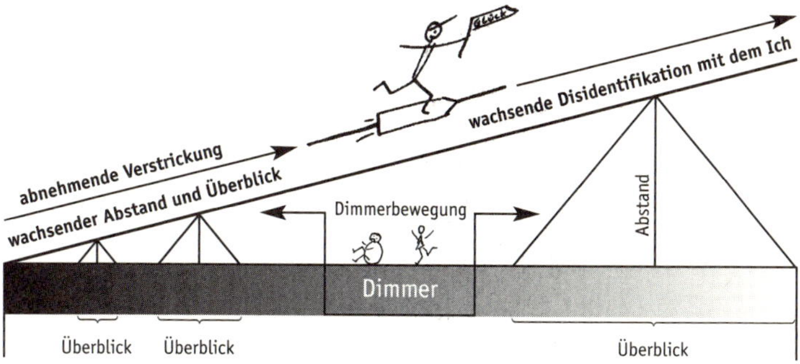

Nullinger	Übergang	neutrale Mitte	Übergang	Fullinger
Äußeres Leid als verbissenes Anhaften = null Abstand.	Zwischengrade gemäß Abstand.	Klarer, unverstrickter Abstand zum Leid.	Zwischengrade: weiter wachsender Abstand zum Leid.	Absoluter Abstand zum Leid durch haftloses Sein.

Eigene Position?

Probieren Sie Folgendes: Schließen Sie die Augen, und erleben Sie, wie sich Ihr Bewusstseinsdimmer bewegt, wenn Sie an Leidvolles und an beglückend Leichtes denken.

Kündigung

Immerhin kann ich klar benennen, woran ich leide: nämlich an deinen ungerechten, verletzenden Bemerkungen, an deinem Schweigen und an deinem Leiden. Und ich weiß, was mich rettete: entweder, wenn mein Herz dir restlos kündigte, oder wenn ich meinem Leiden, meiner Reaktion auf dich, restlos kündigte. Beides bedeutete, dass du weniger bei mir landen könntest.

Ob du das willst? Wie lange noch brauchst du mich als Aufhänger für dein Leiden?

Und ich weiß auch, es ist längst an der Zeit, keine Fragen mehr zu stellen, sondern die Kündigung zu vollziehen.

Hiermit kündige ich also nach langem Warten, Wegschauen, Weiterhoffen und Ausprobieren meinem Leiden. Und wenn die spitzen Bemerkungen kommen, so lass' ich sie dir – es sind ja *deine*. Ich werde sie nur noch bemerken, aber nicht mehr landen lassen. Ich weiß, dass du irgendeinen Grund für sie hast. Diesen *nicht* zu erfragen, zu erkunden, zu ergrübeln, ist Teil meiner Kündigung. So werde ich sogar noch deinem Schweigen-Wollen gerecht.

Flugsatz: Eigensinn ist Besinnung auf das Not-wendige.

Liebe/Sehnsucht

Du brauchst nur zu lieben,
und alles ist Freude.
Leo N. Tolstoi

Ereignis
Lustig im Gespräch
als deine Hand
mein Gesicht berührte
und mir jedes Wort verlorenging
mein Körper an deinem erwachte
ich verlorenging
wo falle ich hin
wie heb ich mich auf
wenn versinkt letzte Unrast des Herzens

Schön wäre es, wenn es so wäre und dann noch bliebe. Es gibt so viele Facetten der Liebe[8]: die leidenschaftliche Liebe, die freundschaftliche Liebe, die allgemeine Menschenliebe, die Eltern-Kind-Liebe, eine spirituelle Liebe, mit der wir zu unseren besten Möglichkeiten sehnstreben. Wenn wir lieben, sprengen wir immer unsere Ich-Grenzen. Die spannende Frage ist: Wie lange und wohin trägt uns die Liebe? Eins ist sicher: Je anhaftender, je intimer, je inniger wir lieben, umso verletzlicher sind wir, umso größer die Gefahr, dass wir uns verstricken und im schlimmsten Fall der Hass als schwarze Seite der Liebe uns packt. Am schönsten ist vielleicht, ganz innig und doch ohne Anhaftung zu lieben. Das gelänge am Fullinger-Ende unserer Skala. Am Nullinger-Ende wird gar nicht geliebt: andere nicht,

---

[8] Ganz ausführlich gehe ich darauf in meinem Buch ›LiebesErklärungen‹, (dtv) ein. Dort lege ich Ihnen 200 Definitionen von Liebe vor.

weil sie an diesem Punkt gar nicht mehr real vorkommen, und sich selbst nicht, weil am Nullinger-Verstrickungstiefpunkt kein Raum für Selbstliebe ist.

Eigene Position?

Wo dimmert mich mein Beziehungs(un)glück hin? Wo stehe ich meistens? Wo jetzt genau?

Navigationssätze

- Gestillte Sehnsucht – aus der Zeit gehoben sein, nichts mehr wollen.
- Verehrung ist eine nach innen gekehrte Bewunderung.
- Liebe: ohne Selbstaufgabe sich selbst im anderen spüren.
- Liebe ist glückliches Beisammensein: auch wenn der andere woanders ist.
- Liebe, die aus Unbegrenztheit kommt, kann niemals Pflichtprogramm sein.
- In der Verliebtheit geschieht Bewusstseinserweiterung.
- Jede Liebeserklärung ist eine Gegenwartserklärung und keine Zukunftsversicherung.

- Verliebtheit führt dazu, dass ich leicht über meinen Schatten springen kann.
- Die Verliebtheit ist der erste Schritt in den Kosmos.
- Paradox: Liebe bekommt nur dadurch Konstanz, dass ich sie in der Gegenwart halte.
- Glücklich werde ich nicht durch Anstrengung, sondern durch Sehnsucht.
- Wir brauchen für die gute Liebesbeziehung immer die Illusion, dass es jeweils die beste aller Beziehungen sei.
- Lieben heißt verrückt sein.
- Wenn wir merken, dass wir nicht mehr wir selbst sind, sind wir im Mackenausgleichs-Verliebtheitssyndrom. Beziehungen, die von diesem Syndrom bestimmt sind, können nicht erfüllend sein.
- Liebe ohne Sehnsucht ist wie ein Leben ohne Bestimmung.
- Entliebung ist wie eine kleine Depression.
- Wer sich liebt, ist heiratsfähig. Wer sich nicht liebt, ist allein.
- Lieben heißt im Fluss sein; und wenn ich im Fluss bin, ist jede Beschränkung unmöglich.

Integrationsfragen

- Wen liebe ich?
- Welchen Abhängigkeitsgrad spüre ich in meinen Liebeskontakten?
- Zeige ich meine Liebe in dem Maß, in dem ich sie spüre? – Wenn nein: Was hält mich ab?
- Wie könnte ich meine Liebe zeigen? (*Mir* und anderen!)
- Und in wen oder was verliebe ich mich diese Woche noch? Zusätzlich sozusagen.

Flugsatz: Eigensinn öffnet in der Selbstliebe das Herz für andere.

Lügen/Wahrhaftigkeit

Die Lüge ist schlicht die
ideale Sprache der Seele …
Fernando Pessoa

»Du sollst nicht lügen.« Das klingt ein bisschen wie: Du sollst nicht denken, nicht entscheiden, keine Verantwortung übernehmen. Sag einfach, was ist, und lass dich richten. Heilsam wäre, sich selbst zu sagen, was ist, und sich nach sich zu richten. So näherten wir uns der Wahrhaftigkeit, die bedeutet, deckungsgleich mit sich selbst zu sein.

Was ist jetzt los mit dem Lügen? Ist es gut oder schlecht? Sollten wir oder lieber doch nicht? Klarer Fall von Widersprüchlichkeit, die wir locker lösen, wenn wir auch dieses Thema anhand der Bewusstseinsskala differenzieren.

Bewusstseinsskala© Ute Lauterbach

0		50		100
Nullinger	**Übergang**	**neutrale Mitte**	**Übergang**	**Fullinger**
Lebenslüge.	Einzel-Lügen, die einer Abwehrhaltung entspringen.	Besonnene Reflexionsfähigkeit über wahr und unwahr.	Verantwortungsbewusste »Einzel-Lüge«. Wachsende Wahrhaftigkeit, sich und dem Leben treu werden.	In Wahrheit sein.

Eigene Position?

Wo erlebe ich meine Wahrhaftigkeit? Wo meine Ehrlichkeit mir selbst gegenüber? Wo den anderen gegenüber?

Navigationssätze

- Eine verstandene Lüge ist dichter an der Wahrhaftigkeit als eine missverstandene Wahrheit.
- Jeder Geständniszwang will was vom anderen und hat kindliches Nörgeln im Hintergrund.
- Um dem anderen *und* mir treu zu bleiben, muss ich mitunter in die Phantasie ausweichen.
- Du bist deiner Wahrhaftigkeit näher, wenn du nicht in die vergiftende Diskussion gehst.
- Im Angesicht der Komplexität muss Phantasie auf den Plan.
- Wer das Leben voller gestalten möchte, darf herumspinnen.
- Die Wahrheit sagen bedeutet ein Maximum an Kongruenz mit der inneren Wirklichkeit.
- Damit beim anderen meine Realität ankommt, muss ich manchmal phantasieren.
- Der Sinn der aktiven Lüge ist die Entkoppelung von einer engstirnigen Moral.
- Immer, wenn Lüge im Spiel ist, ist eine Alternative gefragt.
- Lieber eine Einzel-Lüge als eine Lebenslüge.
- Du sprichst das Maximum an Wahrheit, wenn du das Verstehvermögen des anderen bedenkst.
- Die Lüge ist wie ein unsichtbarer Keil im Kontakt.
- Eigentlich ist nur ein Sprechen erlaubt, das Selbstzweck ist.
- Gefühle allen Ernstes erklären zu wollen, ist eine Illusion.
- Jedes Einzelwissen ist eine Lüge.
- Das Wichtigste ist, dass du mit dir selbst ehrlich bist.

Integrationsfragen

- Lüge ich leichten Herzens, wenn es mir dadurch besser geht und ich niemandem schade?
- Weiß ich, dass ich alles darf, was mich und das Leben fördert?
- Welche Lügen belasten mich? Durch welche sinnvollen Alternativen könnte ich sie ersetzen?

Sichten Sie Ihre kleinen und großen Lügen, und sortieren Sie sie in folgende Kategorien:

1. Lügen aus Angst
   Was befürchte ich im Wahrheitsfall?
2. Lügen aus Zwang
   Sie liegen vor, wenn ich schneller lüge, als ich nachdenken kann. So eine Art »sicherheitshalber schnell gelogen«.
   Was scheint mir dieses Verhalten zu bringen?
3. Lügen um des eigenen Vorteils willen
   Zahle ich für diese Lügen einen Preis? Welchen?
4. Lügen aus Verantwortungsgefühl
   Kann vorliegen, wenn ich durch die Lüge ein Unglück verhindere oder wenn die Wahrheit missverständlicher und irreführender wäre als die Lüge.

Flugsatz: Die eigene Wahrheit ist manchmal geborgener in der Lüge.

Meinungen

Meinungen haben heißt,
sich an sich selbst verkaufen.
Fernando Pessoa

Es geht ihr gut. Sie gestaltet und entfaltet ihr Leben. Viel Schönes freut sie. Sie liebt, arbeitet gerne, erfüllt sich Wünsche.

Da kommt er und sagt mit ernster Stimme: »Du hast dich verändert. Früher warst du viel zugewandter. Du hast den Bezug zum Leben und zur Realität verloren. Ich sehe dich spleenig abdriften. Also, du bist echt gefährdet. Und du bist so egoistisch geworden. Du solltest mit der Studiererei aufhören und mehr Regelmäßigkeit in dein Leben bringen.«

Sie denkt, »Ja, ich war anders, jetzt geht's mir gut, früher war ich angepasster, und jetzt habe ich Bezug zum Leben. Gefährdet allenfalls, noch von ihm verletzt zu werden. Wie schade, dass er mich nicht versteht. Seine feste falsche Meinung über mich lässt keine Verbundenheit zu – wie schade, wie weh.«

Sie hatte erläutert, was los war. Er hatte nicht für möglich gehalten, dass sie Recht haben könnte. Er »wusste« es besser.

Sie will nicht Gefangene seiner Meinungen sein. Jede feste Meinung ist wie ein doppeltes Gefängnis: Wer eine starre Meinung hat, setzt sich selbst damit fest *und* diejenigen, über die er seine Meinung verhängt. Deshalb ist es ein entscheidender Beitrag für unsere **Erweiterung und Ganzwerdung**, feste Meinungen zu überprüfen und zu lockern.

Quatsch! Wer keine Meinungen hat, ist ein orientierungsloses Fähnchen im Wind. Meinungen sind ein Zeichen von Persönlichkeitsprofil. Wir brauchen sie, um uns im Chaos der rasenden Veränderungen und Ungereimtheiten zurechtfinden zu können. Nein, durch Meinungen entsteht erst das Chaos. Oder was meinen Sie? Eine Frage, hundert Antworten. So ist das mit

Meinungen. Wo kommen sie her? Helfen sie bei der Orientierung oder verwirren sie? Es ist immer dasselbe Spiel: Je bewusster wir sind, umso umfassender ist unser Überblick und umso leichter können wir das vermeintlich Widersprüchliche ohne Irritation im Gesamtzusammenhang platzieren. Je nach Thema, seelischen Altlasten und Erziehung variiert das Ausmaß unseres Überblicks. Wenn wir emotional geladen an irgendeiner Meinung festkleben, haben wir keinen Überblick, sondern einen Stand*punkt*.

Sind Meinungen Orientierungshilfen, weichen sie geschmeidig dem besseren Argument, weil es ihnen eben um Orientierung und nicht ums Rechthaben geht.

Da wir uns sekündlich in einem sich ändernden Bewusstseinszustand befinden, besteht die Möglichkeit, sekündlich eine andere Spannweite an Überblick zu haben. Das zu illustrieren werde ich nicht müde. Es geht mir darum, eine Orientierung zu allen Themen zu etablieren. Wie sieht sie zum Thema »Meinungen« aus? So:

Nullinger	**neutrale Mitte**	**Fullinger**
null Abstand zu sich selbst. Auge, das sich selbst nicht sieht. Keine innere Verbindung zum anderen.	neutral objektiver Abstand zu sich selbst.	Fullsight. Keine Identifikation mit dem Ich. Klares Weltauge, größtmögliche Nähe, innere Verbindung zum andern und zu allem.

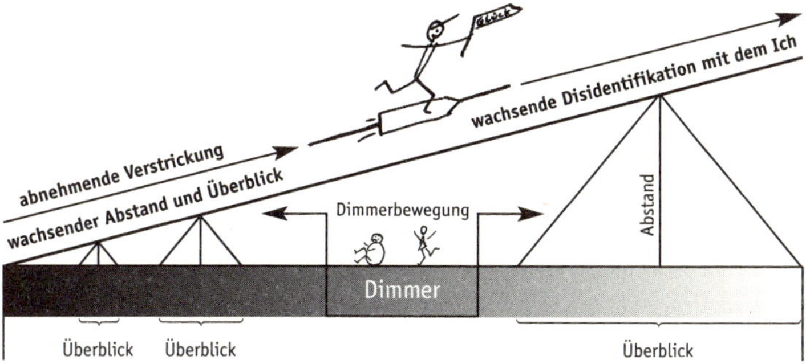

Nullinger	**Übergang**	**neutrale Mitte**	**Übergang**	**Fullinger**
Fanatischer Meinungsbeton mit der Bereitschaft, für die eigene Meinung zu sterben.	Mehr oder minder fixe Meinung – je nach Ausmaß der sie hervorbringenden Not.	Meinungen sind nur Orientierungsmarken.	Meinungen werden zu Gehstrecken, anstatt Standpunkte zu sein.	Alle Meinungen sind gleichgültig. Anders: Es gibt keine Meinungen mehr.

Eigene Position?

Ich wende die fünf Beschreibungen von Meinungszuständen auf mein eigenes Erleben an und spüre, wie ich je nach Zustand tatsächlich ein ganz anderes Bewusstsein habe.

Was passiert, wenn zwei Leute entgegengesetzte Meinungen haben und sich beide am Nullinger befinden? Genau! Leider. Weltverbessernd wäre daher ein kollektives Dimmerskaten Richtung Fullinger.

Navigationssätze

- Feste Meinungen helfen, eine illusionäre Welt stabil zu halten.
- Jeder Standpunkt und jede Meinung beschneiden die Realität, weil sie immer nur einen Ausschnitt von Wirklichkeit repräsentieren.
- Wo Überzeugung ist, braucht keine Sprache mehr zu sein.
- Mit jeder Interpretation legen wir uns und andere fest.
- Der Kopf erlöst uns nicht.
- »Schweinskopfsülze kommt für mich nicht in Frage«: wie jede Meinung ist auch diese eine Festschreibung der Zukunft.
- Jeder Glaube ist eine Erkenntnisblockade.
- Rechthabenwollen ist Machtspiel.
- Eine Meinung ist eine mentale Identifikation.
- Meinungen sind verfestigtes Es-war.
- Der Relativismus des Meinungskrams ist ein Kommunikationskiller.
- Meinungsgedöns ist geistige Verschmutzung.
- Wer auf seiner Meinung beharrt, beharrt auf einem Ausschnitt und das heißt auf seiner Beschränktheit.
- Im radikalen Nicht-Glauben ist die gleiche Verbohrtheit wie im radikalen Glauben.
- Je freier der Kopf, desto mehr Platz für Ideen.

Integrationsfragen

- Habe ich feste Meinungen?
  - Über mich?
  - Über andere?
  - Über die Welt?
- Was will ich durch diese festen Meinungen erreichen?
- Gäbe es einen anstrengungsfreieren oder direkteren Weg?

Flugsatz: Als Gedankenverkleber irritieren Meinungen den Eigensinn.

Moral

Niemand ist berechtigt, sich mir gegenüber so zu verhalten, als kennte er mich.
Robert Walser

Moraltheologie, Ethik, Pädagogik, Rechtswissenschaft und letztlich alle Menschen bewegt die Frage, was gut und böse, falsch und richtig sei. Antworten ergeben sich entweder **intellektuell** und lauten dann zum Beispiel mit Immanuel Kant: »Handle so, dass die Maxime deines Willens jederzeit zugleich als Prinzip einer allgemeinen Gesetzgebung gelten könne.« Oder volksmundlich: »Was du nicht willst, dass man dir tu, das füg auch keinem anderen zu.«

Oder als **emotionale** Antwort hören wir oft: Richtig und gut ist, was ich aus Liebe tue, das, womit ich Gottes Willen erfülle. Ja, aber was *ist Liebe* wirklich und was Gottes Wille?

Ganze Bibliotheken über Gut und Böse erweitere ich um vier Sätze: Gut und richtig ist alles, was dazu beiträgt, mich endgültig innerlich und äußerlich auszugleichen und ins Fließen zu bringen. Das entscheidende Wort ist hier »endgültig«, denn alles, was mich nur vorübergehend ausgleicht, hat mich nicht wirklich geheilt und ganz gemacht, sondern hat mich nur kurzfristig abgefüllt, was einen nächsten Abfüllakt, der von meinen Defiziten provoziert wird und meist aus bewussten oder unbewussten Rachegefühlen kommt, erfordert. Wer ganz ist und innerlich im Lot, handelt aus natürlicher Liebe und nicht aus geforderter »Liebe«. Moral wird dann gleichsam überflüssig; sie ist nur eine Ausrichtungshilfe, solange wir nicht vollständig integriert sind.

Machen wir flott den Transfer zur Bewusstseinsskala: Defizite mit den dazugehörigen Rache- und Ausgleichsmanövern werden sehr präzise durch die Dimmerposition links der neutralen Mitte gespiegelt. Am Nullinger tobt das Ego, und von frei fließender Liebe ist kein Hauch mehr vorhanden. Die Möglichkeit zu wertvollem Verhalten oder zur Einsicht wird in der eigenen Not verheizt. Richtung Mitte treten zwar etwas friedlichere Verhaltensweisen und Empfindungen auf, aber sie sind viel zu schwach, um aus sich heraus freiwillig oder gar liebend sein zu können. Daher »wirkt« auf dieser Übergangsstrecke nur äußerer Moraldruck, kein innerer Gutheitswunsch.

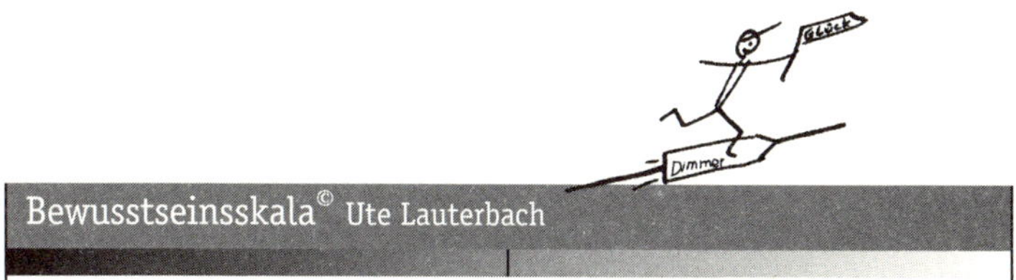

0		50		100
Nullinger	**Übergang**	**neutrale Mitte**	**Übergang**	**Fullinger**
Fressen und gefressen werden. Gesetzliche Gewalt wirkt dem Nullinger entgegen. Legislative.	Über-Ich, Angst vor Strafe und Bestrafungsmaßnahmen kämpfen mit der Abwehr.	Das moralische Empfinden erlebt die Freiheit ruhiger Überlegung.	Moralität aus Freiheit. Kant.	Lieben ganz von allein. Buddha.

Eigene Position?

Der Glückspilot dimmert uns vom Kopf- zum Herzdenken. »Denkt mein Herz? Und wo auf der Skala gerade jetzt?«

Navigationssätze

- Je stärker das Verbot, umso stärker das Motiv, es zu übertreten.
- Das, womit ich mir entspreche, ist oft außerhalb von Moral.
- Moral ist so gefährlich, weil sie ankämpft gegen das, was ist. Wirklich funktionierende Moral beglückt.

- Wenn Moral durch Lebendigkeit ersetzt wird, ist Liebe unvermeidlich.
- Die Trümpfe der Natur sind letztlich immer höher als die der Moral.
- Durch das Pauschalrezept wird das Leben kompliziert.
- Das »Gutsein« gemäß starrer Moralvorstellungen blockiert den Lebensfluss.
- In dem Moment, wo wir beurteilen und bewerten, klammern wir andere bereits aus.
- Immer, wenn ich urteile und werte, bin ich weg von mir.
- Überwinde jegliche Moral – dadurch ist größte Heilung erwirkbar.
- Bewusst gewolltes Gutsein heilt.

Integrationsfragen

- Welche Moralvorstellungen habe ich?
- Stimme ich ihnen noch uneingeschränkt zu, oder möchte ich sie ändern? Und wie?

Übung für Entscheidungssituationen

Wenn Sie unsicher sind, was die beste Entscheidung in einer bestimmten Situation ist, dann stellen Sie sich vor, Sie könnten mit Ihrem Glückspiloten sprechen. Gehen Sie so vor:

1. Beschreiben Sie ihm genau und knapp die Situation.
2. Formulieren Sie Ihre Frage an ihn. Zum Beispiel: Was ist die für alle Beteiligten beste Entscheidung? Welches Vorgehen würde die Not wenden? Was soll ich tun?
3. Fühlen Sie zu Ihrem Glückspiloten hin, und empfangen Sie seine Antwort. Vielleicht möchten Sie seine Antwort aufschreiben?
4. Vielleicht haben Sie Lust, sich vorzustellen, Sie säßen Ihrem Glückspiloten gegenüber. Er hat einen eigenen Stuhl. Wenn er dann antworten soll, könnten Sie sich auf seinen Stuhl setzen.

Viel Spaß bei diesem Experiment!

Flugsatz: Erfüllender EigenSinn impliziert eine Gutheit, die über alle Moral hinausgeht.

Narzissmus

Wer im Dunkeln sitzt, zündet sich einen Traum an.
Nelly Sachs

»Liebe«, die andere und anderes ausschließt, ist narzisstisch und wird zum Gefängnis. Das ist die fanatisch-narzisstische Einzelhaft am Nullinger. Wirkliche Selbstliebe umfasst – gleichsam als Nebenwirkung – andere und anderes. Je exklusiver die Liebe, desto begrenzter ist sie. Das geht so weit, dass wir nur noch uns selbst im anderen lieben, ihn also narzisstisch besetzen und ihn in *seiner* Eigenart nicht wahrnehmen. Wenn ich nur mich in dir sehe, *sehe* ich weder dich noch mich, und wenn ich nur mich in dir liebe, liebe ich weder dich noch mich. Wenn ich jedoch erfahre, dass es keinen Unterschied zwischen uns gibt, dann liebe ich mich und dich. Wir sind dann weder Opfer noch Objekt meiner Wahrnehmung, sondern Subjekt eines Seins.

Unsere Skala lässt erahnen, wie viele Nuancen der Selbstliebe es gibt:

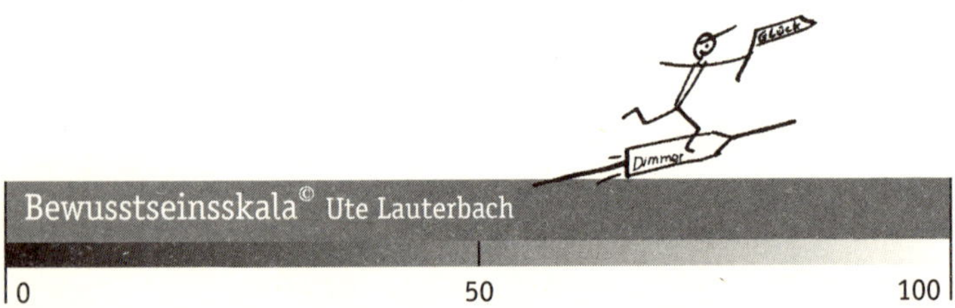

Nullinger	Übergang	neutrale Mitte	Übergang	Fullinger
Fanatisch-narzisstische Einzelhaft.	Vergewaltigung von anderen durch narzisstische Besetzung in verschiedenen Graden.	Hier sind reale Selbstwahrnehmung und deshalb auch reale Fremdwahrnehmung erstmals möglich.	Echter Selbstbezug. Wahre Selbst- und Fremdliebe wachsen.	Die Liebe zu sich und anderen ist ein- und dasselbe.

Eigene Position?

Wo auf der Skala erlebe ich die Liebe zu mir selbst?

Navigationssätze

- Da, wo ich besonders empfindlich und verletzlich bin, bin ich besonders narzisstisch.
- Mit allem, was ich narzisstisch besetze, reduziere ich meine Wirklichkeit.
- Der Narzisst dreht sich nur um sich, ohne bei sich zu sein, ohne Gespür für das, was wirklich ist.
- Je mehr wir kapieren, dass der andere anders ist, umso weniger narzisstisch sind wir.
- Je mehr etwas verteidigt wird, umso narzisstischer ist es besetzt.
- Solange ich den anderen und anderes als Aufhänger für meine Selbstliebe gebrauche, liebe ich mich nicht. Denn ich nehme den Umweg über anderes. Und eine vermittelte Selbstliebe kann keine unmittelbare Selbstbejahung sein.
- Wenn ich mich über meinen Supersportwagen definiere, dann haut es mich um, wenn jemand sagt: »Was ist das denn für eine Schrottkiste!« Der Beweis, dass ich die Karre libidinös-narzisstisch besetzt habe, ist erbracht.
- Narzissmus ist eine Form seelischer Aufblähung, die auf einem Defizit basiert. Je massiver der Narzissmus, desto geringer ist das Selbstwertgefühl, sonst bräuchte ich nicht mein ganzes Umfeld mit Wert aufzublähen.
- Narzissmus trennt mich von anderen; echte Selbstliebe verbindet mich mit anderen.

Integrationsfragen

- Was ist mir absolut wichtig oder sogar heilig?
- Wie fühlte es sich an, wenn ich diese Wichtigkeit herunterschraubte?
- Wie wäre mein Leben, wenn nichts mehr übertrieben wichtig, sondern nur noch in einem realistischen Rahmen wichtig wäre?
- Ich überlege, was wirklich wichtig ist. Dann frage ich mich, welche Handlungskonsequenzen mein Glückspilot empfiehlt.

Flugsatz: Eigensinn ist selbstgenügsam, weshalb er Narzissmus ausschließt.

Opfertum

Manche warten auf »rotes Licht«, um nicht
auf die andere Seite zu müssen.
Stanislaw Jerzy Lec

Bei jedem Opfer, das wir bringen, übergehen wir uns und werden uns untreu. Wir bringen es aus vermeintlicher Güte. In Wirklichkeit manipulieren wir zunächst uns und dann andere, weil wir mit dem Opfer etwas erreichen wollen: dass die Götter Regen schicken, dass unsere Kinder dankbar sind, dass die Partner in unserer Schuld stehen … Beim Opfern geben wir auf oder her, was wir eigentlich nicht auf- oder hergeben wollen – sonst wäre es kein Opfer, sondern ein fröhliches Schenken ohne Schielen auf heimlichen Gewinn, ohne verdeckte Manipulation. Im Extremfall opfern wir nicht dies und das, sondern uns komplett.

Es ist wieder unsere jeweilige Bewusstseinshaltung, die über die »Güte einer Gabe« entscheidet. Am Nullinger finden wir das manipulative oder fanatische Opfer. Auf dem Weg Richtung Fullinger das selbstverständliche Geben eines freien Herzens und schließlich eine grenzenlose Hingabe, in der wir nichts aufgeben oder opfern, weil Fülle nicht minimierbar ist.

Bewusstseinsskala© Ute Lauterbach

0		50		100
Nullinger	**Übergang**	**neutrale Mitte**	**Übergang**	**Fullinger**
Lebensverneinung, Manipulation in schlimmster Form.	Als Opfer unmenschlicher Werte selbst Opfer bringen.	Möglichkeit der Entscheidung über Auf- und Hergabe.	Lust am Geben einfach so – absichtslos.	Unerschöpfliche Fülle, die sich verströmt.

Eigene Position?

Wie frei ist mein Kopf, wenn ich Kompromisse mache? Wo ist meine Befindlichkeitsposition, wenn ich Opfer bringe?

Navigationssätze

- Mit jedem Opfer, das ich dir bringe, missachte ich deine Selbstständigkeit und Lebenstüchtigkeit.
- Mit jedem Opfer, das ich dir bringe, missachte ich *auch meine* Selbstständigkeit und Lebenstüchtigkeit.
- Ich hätte lieben können, hätte meine ganze Lebendigkeit einsetzen können, stattdessen habe ich Opfer gebracht.
- Wer sich entschieden hat, das arme Opfer zu sein, braucht Unglück – wie sonst könnte er seine Rolle aufrechterhalten?
- Kompromisse sind die kleinen Geschwister von Opfern.
- Opferliebe schwächt alle Beteiligten.
- Wir sind immer das erste Opfer unserer eigenen Kampfstrategien.
- Der Grollgewinn des Opfers ist, den Täter ewig klein zu halten.
- Das am Groll festhaltende Opfer ist heimlicher Täter. Es hätte den Schlüssel zur Aussöhnung in der Hand.
- Kaum spüre ich, dass ich Opfer bin, versuche ich, in die Täterschaft zu kommen. Täter sein heißt schlicht: tätig sein.
- Täter werden. Nicht Opfer sein.
- Mater dolorosa, das ist ein Mittelpunktstreben schlimmster Art.
- Jedes Machtspiel zeugt von gefesselter Liebesfähigkeit.
- Eine kleine, aktive Miniveränderung erlöst dich aus der Opferrolle, weil du *tätig* wurdest. Die Miniveränderung stellt die Weiche.

Integrationsfragen

- Bringe ich irgendwelche Opfer in meinem Leben?
  – Wenn ja: Was ist mein Gewinn dabei? Zahlt er sich aus?
  Wie ließe er sich anders erwirken?
- Bin ich in irgendeiner Hinsicht Opfer?
  – Wenn ja: Wie könnte ich tätig werden? Wann fange ich an?
- Was wünscht sich mein Glückspilot?

Flugsatz: Wer sich opfert, opfert Eigensinn.

Partnerschaft

Singles sind gerne Singles, weil kein Partner
so handlich ist wie kein Partner.
Oliver Hassenkamp

Das 1 x 2 der Partnerschaft

Welche Arten von Partnerschaft gibt es?
Hauptsächlich Geschäfts- und Lebenspartner.

Was bewegt uns, eine Partnerschaft einzugehen?
Die Erwartung, zu zweit gehe es besser, leichter, schöner, und zwar entweder das Geschäft oder das Leben.

Wann wäre die Beendigung einer Partnerschaft angesagt?
Wenn Geschäft oder Leben in der Partnerschaft schlechter, schwerer und hässlicher geworden sind, als sie im Alleingang wären.

Warum halten wir trotz Leidensdruck so lange in unseren Partnerschaften aus?
Entweder weil wir immer noch glauben, das Geschäft oder Leben laufe mit Partnerschaft besser als ohne,
oder weil die Partnerschaft dem Geschäft oder Leben, trotz Leid, tatsächlich noch zuträglich ist,
oder aus Angst vor der Trennung und dem Leben danach (wobei es eher ein Leben nach der Partnerschaft gibt als ein Leben nach dem Tod).

Was fördert die Partnerschaft?[9]

Wenn jede/r ihre/seine Selbstständigkeit bewahrt.

Außerdem: zuhören, kommunizieren, das Gemeinsame zum Thema der Partnerschaft machen, das andere privat leben und leben lassen. Sich gründlich über Liebes- und Beziehungsvorstellungen austauschen. Nehmen Sie zum Beisspiel die 200 Definitionen von Liebe in meinem Buch ›LiebesErklärungen‹ und überlegen Sie mit Ihrem Partner, welchen Sie zustimmen und welchen nicht.

Der springende Punkt

ist die »Partnerschaft«, die wir mit uns selbst haben. Ist sie traumhaft schön, dann laufen im äußeren Leben nur Traumprinzen und Herzköniginnen herum. Ist sie mies, sieht es entsprechend düster aus in unserem sozialen Umfeld. Wie innen, so außen, oder: wie mit mir, so mit dir. Wie immer gilt: So wie wir Beziehung auf der Bewusstseinsskala erleben, so ist die Resonanz, die wir im Umfeld erzeugen. Hauptjob unseres Glückspiloten ist es, uns in die Selbstliebe zu navigieren. Nur dort gibt es attraktiven Platz für andere.

---

[9] Weiteres zum Thema finden Sie auf den Tonträgern ›Partnerschaft – ein Kampf auf Leben und Tod?‹, ›Verliebtheit als Entwicklungschance‹ und ›Liebesrausch und Liebeshölle‹

Die Beziehung, die wir zu uns selbst haben, legt die Liebes-/Hassspur zu anderen. Je schmerzlicher der Umgang mit uns selbst, umso belastender ist er mit anderen – sowohl für uns selbst wie auch für die anderen.

Eigene Position?

Wo stehe ich gerade jetzt, wo im besten, wo im ungünstigsten Fall in der Partnerschaft mit mir selbst?

Navigationssätze

- Eine Beziehung ohne Vergangenheit und Zukunft ist ein Glücksrausch.
- Das Basisübel ist, den anderen anders zu wollen, als er ist.
- Wenn wir alle gelernt hätten, gut zu wünschen, dann wären unsere Partnerschaften um Klassen besser.
- Die Ehe ist eine preisgünstige Therapie – nicht immer erfolgreich, aber länger.
- Unsere Partner sind die Ideen, die wir von ihnen haben.
- Die Quelle der Unzufriedenheit ist mangelnder Ausgleich.
- Wenn ich das zehnte Mal mein Problem zerrede, verhindere ich zum zehnten Mal die Lösung.
- Sowie in der Partnerschaft einer die Rolle des Vaters oder der Mutter übernimmt, ist eine echte Beziehung unmöglich.
- Solange wir versuchen, durch den Kopf des anderen zu denken, sind wir weg von uns.
- Der wichtigste Mensch der Welt ist der, mit dem du gerade zusammen bist.
- Auch in der Partnerschaft darfst du ein Privatleben haben.
- Ich kämpfe nie gegen meinen Partner, sondern immer gegen mich selbst.
- An der falschen Stelle immer weiter betteln zu gehen ist dumm, weil so der Frustfluss konstant bleibt.

- »Mein Partner muss endlich vernünftig werden, das heißt so, wie ich ihn haben will.«
- Ich schenke dir deine Reaktion. Das ist echte Großzügigkeit.
- Was mit mir nicht geht, das entlässt dich in die Freiheit.
- Partnerschaft ist im besten Fall eine nicht abbrechende *Hochzeit*. Zunächst und zuvor müssen wir die Hochzeit mit uns selbst haben. Erst dann sind wir ehefähig.
- Partner sollten die Sahne im Leben sein und nicht die Krücke.
- Ich kann die Erlösung nicht beim anderen finden.
- Wenn wir uns beim Eintritt in eine Beziehung an der Garderobe abgeben, ist die Beziehung verloren.
- Je weiter wir abkommen vom primären Gefühl, desto weiter kommen wir ab von echter Kommunikation. Schließlich fliegen nur noch die Teller.
- Leidensmienen sind Stimmungskiller erster Klasse.
- Handlungsbereitschaft wirkt mehr als tausend Worte.
- Durch die Vorwurfshaltung verdeckst du deine wirklichen Gefühle.
- Nur in der behutsamen Rücksichtslosigkeit kann eine Partnerschaft gedeihen.
- An der Abhängigkeit in einer Beziehung kann ich erkennen, dass ich im Grunde nicht mehr in einer Partnerschaft, sondern in einer Wachrüttelstation bin.
- »Die beste Zeit, die ich mit meinem Partner hatte, war vor der Ehe und nach der Scheidung.«
- Wenn ich erwarte, dass mein Partner nur genug liebt, bin ich schon wieder an der Tankstelle und nicht in der Partnerschaft.
- Wenn die Kindheit der Regen war, ist die Partnerschaft oft die Traufe.
- Lebendige Nähe ist nur möglich vor dem Hintergrund der Freiheit.

Integrationsfragen

- Mit wem habe ich eine Partnerschaft, und wer glaubt, eine mit mir zu haben?
- Ist der Gebe-Nehme-Status, also das gemeinsam Geteilte, in der Beziehung klar umrissen? (Wenn nicht, sind Erwartungsdruck und Enttäuschung unvermeidlich.)
- Wenn ich also etwas erwarte, das außerhalb des partnerschaftlichen Übereinkommens liegt, kann ich mich fragen, wie ich mir diese Erwartung selbst oder außerhalb der Partnerschaft erfüllen könnte.
- Sind die Diskrepanzen in meinen Partnerschaften überbrückbar oder gut zu ertragen? Was muss geschehen, wenn sie es nicht sind?

Hier ein Glückspilot-Experiment:

Unfruchtbare Auseinandersetzungen?

Vergegenwärtigen Sie sich zunächst den typischen Ablauf Ihrer unfruchtbaren Auseinandersetzungen. Was sagen Sie? Was Ihr Gegenüber? Wie hoch ist Ihr Verstrickungspegel? Wo sind Sie auf der Skala? Und nun stellen Sie sich vor, Ihr Glückspilot würde an Ihrer Stelle sprechen und agieren. Wie verläuft dann das Gespräch?

Flugsatz: Eigensinn sagt nicht Nein zum Du, sondern ist jubelndes Ja zu mir.

Positives Denken

Die Lösung des Problems ... merkt man
am Verschwinden dieses Problems.
Ludwig Wittgenstein

Klares Denken erleichtert die Kommunikation und die Handhabung des praktischen und theoretischen Lebens. **Positives** Denken, positive Gedanken sind als Machwerk nur Anstrengung und Verdrängung des Negativen.

Dann etwas ganz anderes: plötzlich die Antwort auf alles. Mit einem Schlag die Qual des Nichtwissens und die Qual des Wissens beendet. Du hast begriffen, dass es in Wirklichkeit nur einen einzigen »Gedanken« gibt, und der war nicht kompliziert, sondern einfach sichtbar; in der Natur, im Blick des Kindes genauso wie im Auge des Sterbenden, im Eifer wie im Rasten, überall nur dieser eine »Gedanke«. Das Problem war nicht, dass du diesen »Gedanken« nicht eher gedacht hattest, sondern, dass du ihn nicht tief genug gedacht hattest. Gewusst hattest du es schon lange, oft reflektiert; aber jetzt erst hatte der Gedanke dich mit seiner ganzen Wucht erfasst – der Gedanke nämlich, dass es kein Ich gibt.

In Wirklichkeit gibt es kein Ich.

Alle Gedanken, all die vielen Gedanken sind nur Folgekrümel des Nicht-tief-genug-Gedachthabens dieses einen Gedankens. Und immer mehr breitete sich dieser eine »Gedanke« in dir aus. Und da wolltest du alle Texte, alle Worte, Bücher, alle anderen Gedanken, alle Menschen anhalten, um mit diesem einen »Gedanken« ganz tief, tief in alles einzusinken. Nie wieder dürfte eine Beliebigkeit, eine Alltäglichkeit, etwas Seichtes sich neben die Ewigkeit stellen – es galt das Äußerste, das Letzte, das Tiefste auf immer und ewig im Fluss zu bewahren, zu verströmen, unaufhaltsam, grenzenlos. Nie wieder Vieldenkerei, Ablenkung, nie wieder draußen sein und glauben müssen, das Leben hätte anders zu sein, als es ist – Wirklichkeit ohne Ich und ohne Wünsche, weil schon alles ist.

Bevor sich dieser eine »Gedanke« am Fullinger-Punkt in uns einstellt, fahren wir mit authentischem Denken am besten. Authentisch ist unser Denken, wenn es möglichst exakt abbildet, was wir am jeweiligen Punkt der Bewusstseinsskala erleben. Wer alles positiv frisiert oder sich ins Negative steigert, schießt an der Authentizität vorbei. Anders formuliert: lieber authentisch mies drauf als frisiert heiter.

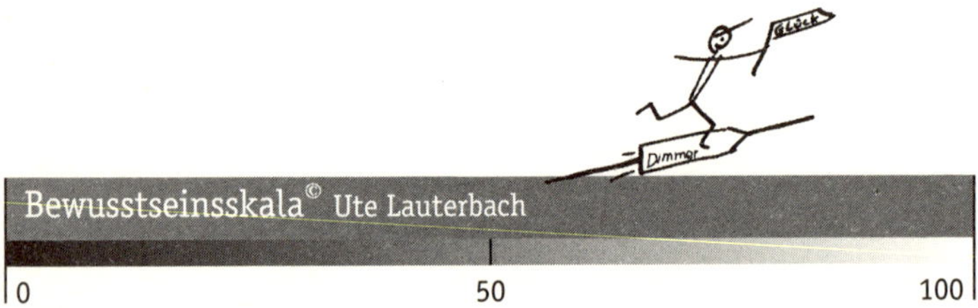

Nullinger	Übergang	neutrale Mitte	Übergang	Fullinger
Zerstörerisches, bösartiges Denken.	Negatives, verstricktes, frisiertes Denken.	Sachliches, konstruktives Denken wird möglich.	Das Denken ist zunehmend klar, konstruktiv und positiv.	Denken des Einen aus innerer Fülle heraus.

Eigene Position?

Wo bin ich auf der Skala, wenn ich mich anstrenge, künstlich »positiv« zu denken? Wo, wenn ich mir wirklich gute Aspekte vergegenwärtige?

Navigationssätze

- Positives Denken ist ein künstlich installierter Gegenzauber. Wenn wir den Urzauber gut wahrnehmen, ist der Ersatz überflüssig.

- Du wirst weniger durch das positive Denken, denn die Wahrheit liegt im Ganzen.
- Fatal positives Denken hat Illusionsblasen eingebaut.
- Wie lerne ich wirklichkeitsbezogenes Denken? Indem ich ein attraktives Ziel anpeile, mich dann hinsetze und alle Schritte und alle Erfordernisse überlege, bis ich an einen Punkt komme, an dem ich handeln kann, an dem ich Übersicht habe. Manche haben ein ungefähres Ziel und handeln einfach drauf los – als würden sie mit dem Auto losdonnern ohne Stadtplan.
- Ich kann in dieser Welt nichts außerhalb von Raum und Zeit bewirken, und damit bin ich in der Konkretheit: was, wann, wie, wo. Der Plan ist eine Gehhilfe, das Gehen kann dann wieder spontan erfolgen.
- Mit einer bestimmten Art von positivem Denken trenne ich mich ab von dem, was ich eigentlich fühle.
- Am Ende des realistischen, klaren Denkens angekommen, lassen wir uns von Vertrauen und Hingabe weitertragen.

Integrationsfragen

- Gehöre ich zu den Menschen, die glauben, dass eintritt, was sie befürchten?
- Wenn ja: Ist das mein Motiv, mich zu positivem Denken anzuhalten?
  – Spüre ich, wie mich beides einengt?
- In welchen Bereichen könnte ich positives Denken durch klares und konstruktives Denken, das mich handlungsfähig macht, ersetzen?

Neulich hatte Gerda eine solche Wut auf Alfons, weil er den Weihnachtsbaum abbrennen ließ. Riesenschaden. Teppich hin und die Kommode. Dabei hatte sie noch gesagt: »Pass auf, Alfons. Der Ständer ist nicht stabil.« Sie hatte diese Wut auf Alfons, wollte aber wegen Weihnachten nicht ausfallend werden und hat sich immer wieder vorgesagt, dass er trotzdem ein gutes Herz habe. Es ging dann so aus, dass Gerda fast an ihrem Positivkrampf erstickt ist. Sie lag schließlich schluchzend auf dem Sofa. Ganz betroffen kam Alfons angerannt:

Da versteht Alfons wirklich nichts mehr. »Aus Frauen wird man eben nicht schlau«, denkt er.

Flugsatz: Mit zunehmendem Eigensinn wird die schwarze Magie des positiven Denkens immer weißer.

Projektion

Jeder lebt hinter einem Gitter, das er mit sich herumträgt.
Franz Kafka

Selten sehen wir die Welt und die anderen so, wie sie sind. Denn jede Wahrnehmung muss sich erst einmal durch unser Erfahrungsbündel, unser Meinungsgehege und unser Gefühlsraster pressen. Kein Wunder, dass unsere »Wahrnehmungen« letztlich mehr vorverständnisbedingte Deutungen als reale Abbildung von Wirklichkeit enthalten. Überall sehen wir gleichsam unseren subjektiv verzerrten Wahrnehmungsfilm und halten ihn für objektive Realität. Wenn wir bei diesen »Wahrnehmungen« überdies in gefühlsmäßige Aufwallung geraten, dann ist absolut klar, dass wir projizieren, anstatt, was heilsam wäre, zu integrieren.

Wir projizieren immer da, wo wir unsere Lebendigkeit abklemmen, wo wir uns nicht voll leben. Die Projektion können wir durch das emotionale Einsteigen entlarven. Wir brauchen nur zu schauen, was uns auf die Palme bringt, und schon wissen wir, dass sich unsere nicht gelebten Schattenseiten auf diese Art melden. Also anhand der Palme verstehen, dass wir projizieren, dann integrieren. Die zentrale Integrationsaufforderung ist simpel: Nimm deine Projektionen zurück, indem du selbst lebst, was dich aufregt. Konkret gibt es folgende Spielarten:

1. Ich würde gerne selbst tun, was mich beim anderen, bei der Welt emotional aufbringt. Und zwar
   entweder: in der gleichen Form
   oder: in einer subtileren, sozialeren, gesünderen, normaleren Form.
   Wenn zum Beispiel jemand mit seinen Fähigkeiten prahlt, dann könnte das bedeuten, dass ich

entweder: genauso prahlen möchte
oder: meine Fähigkeiten überhaupt einbringen möchte.

2. Ich tue und kann bereits, was mich am anderen nervt oder gefühlsmäßig in Aufwallung bringt, aber ich nehme es nicht wahr, weil ich es mir zugleich verbiete und in mir ablehne.

Die heilsame Formel psycho-energetischer Integration lautet: Je mehr ich mir erlaube, je mehr ich mich lebe, das heißt von Projektionen ablasse, umso realer wird meine Wahrnehmung, umso besser kann ich mich auf andere beziehen und sie real sehen und umso mehr kann ich mich selbst annehmen und lieben.

Die Bewusstseinsskala lässt sich auch verstehen als Projektionsskala von hundert Prozent Projektion am Nullinger über die Zurücknahme von Projektionen bis zum Punkt der neutralen Mitte und von da an hin zum Fullinger eine immer neue Räume und Fähigkeiten erschließende Selbsttranszendenz. Die gefühlsmäßige Aufwallung ist *das Kennzeichen* von Verstrickung und somit *der Beleg* für das Vorliegen einer Projektion. Erst am Punkt der neutralen Mitte taucht die Möglichkeit projektionsfreier Wahrnehmung auf.

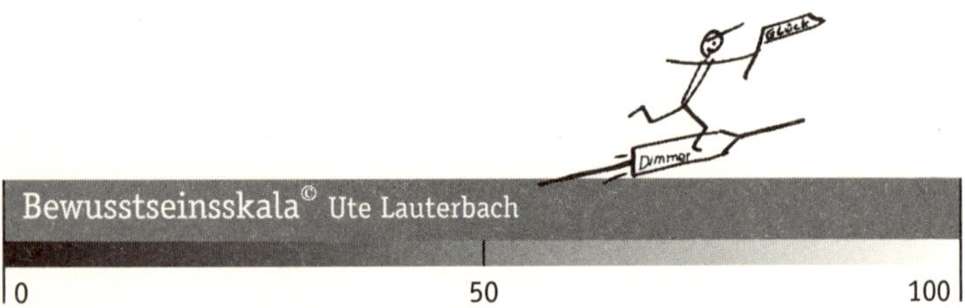

Nullinger	Übergang	neutrale Mitte	Übergang	Fullinger
Hundert Prozent Projektion. Innerer Film total.	Allmählicher Verstrickungsrückgang und entsprechende Zurücknahme von Projektionen.	Keine Verstrickung, keine Projektionen mehr.	Wachsende Selbsttranszendenz, neue Fähigkeiten werden erschlossen.	Die letzte »Projektion«, genannt Ego, weicht dem Aufgehen in einem größeren Kontext.

Eigene Position?

Wo dimmern mich meine diversen Gedankenfilme hin?

Navigationssätze

- Der andere ist so bescheuert, wie ich ihn wahrnehme.
- Ich höre immer nur, was an meinem Brett vorbeikommt. (Gemeint ist das Brett vor dem Kopf.)
- Schicksal ist Nichtgelebtes, das mich von außen ereilt.
- In jedem Feind verbirgt sich eine eigene, nicht gelebte Kraft. Es gibt keine Feinde, es gibt nur Projektionen.
- Durch den »Film«, den wir glauben, versauen wir uns das Leben.
- Wer seine eigene Aggression verdrängt, fordert von seinem Umfeld auch die Verdrängung der Aggression.
- Was immer ich an anderen wahrnehme ist zugleich eine Aussage über mich selbst.
- An der Bewunderungsstarre lässt sich die Projektion erkennen.
- Den anderen verändern zu wollen, ist jedes Mal eine verpasste Gelegenheit, sich selbst zu verändern.
- Was wir in der Verstrickung vom anderen wollen, ist genau das, was wir uns selbst geben müssten. Im Klartext: »Der blöde Thorsten nimmt mich nicht wahr« wird zu: »Ich nehme mich nicht wahr.«
- Alles, was ich beim anderen ändern, verbessern oder nicht zulassen will, ist ein Hinweis auf meine eigenen Grenzen.
- Uns fasziniert an anderen letztlich das Eigene, das irgendwo brachliegt.

Integrationsfragen

- Was bringt mich an anderen, an der Welt in emotionalen Aufruhr?
- In welcher Form könnte ich genau das selbst machen?[10]

Flugsatz: Je ausgeprägter der Eigensinn, desto zurückgenommener die Projektionen. Der Eigensinn fragt: »Was willst du von dir selbst?«, anstatt: »Was willst du von anderen?«

---

[10] Vertiefung der Thematik auf dem Tonträger ›Projektion? Was ist das?‹. In meinem Buch ›LiebesErklärungen‹ wird die konkrete Zurücknahme von Projektionen ganz genau vorgeführt.

Psychoknast

Denn ich bin so groß wie das, was ich sehe,
Und nicht so groß, wie ich bin.
Fernando Pessoa

Was macht eigentlich unsere Identität aus? Sind es die Angaben im Personalausweis, die uns als unverwechselbares Individuum registrieren? Oder ist es unser einmaliges Leben und Erleben mit dem entsprechenden Erinnerungsstreifen? Von einem intrapsychischen Blickwinkel aus betrachtet, lässt sich **Identität als sich durchziehendes Bewusstsein** definieren; so wird es mir zum Beispiel nicht passieren, mich mit jemand anderem zu verwechseln. Ich bin und bleibe in *meinem* Bewusstsein; wenn ich morgens erwache, dann geht das Bewusstsein von derselben Person des Vortags wieder auf. Ferner bin ich für mich die einzige Person, deren Erleben mir unmittelbar von innen her gegeben ist, während das Erleben anderer mir nur mittelbar und eingeschränkt zugänglich ist. Nie kann ich wissen, wie sich Schmerz, Glück, Denken und Wachheit des anderen wirklich anfühlen, weil ich nur meine Befindlichkeiten als Erfahrungsniederschlag kennen gelernt habe. So betrachtet könnte das, was ein anderer als seinen größten Schmerz bezeichnet, in gar keinem Verhältnis zu dem stehen, was mein erlebter größter Schmerz war. Wenn der andere mir von seinem größten Schmerz erzählt, werden seine Worte das Erleben meines größten Schmerzes in mir als Verständnisbasis auftauchen lassen. Diese Basis kann unter Umständen völlig unzureichend sein, um zu erfassen, was der andere wirklich erlebt in *seinem* größten Schmerz. Die Kluft verschärfend kommt noch hinzu, dass wir gar nicht wahrnehmen können, wie weit unser jeweiliges Erleben und einher damit unser Verstehen auseinanderklaffen.

Jeder ist also in seinem Bewusstsein und Erleben verhaftet

und somit getrennt vom anderen. Diese Tatsache könnten wir als »Identitätsknast« bezeichnen. Der Identitätsknast gehört zur Grundausstattung menschlicher Wahrnehmung und Befindlichkeit. Wenn es nun obendrein noch eng wird in diesem Knast, so schrumpft er zu dem, was ich als »Psychoknast« erläutern möchte. Dass jeder in seinem eigenen Bewusstsein hockt, schränkt das jeweilige Bewusstsein noch nicht ein. Das passiert erst, wenn wir aufgrund schlimmer Erfahrungen Persönlichkeitsanteile abspalten, in der vermeintlich guten Absicht, solche Erfahrungen nicht zu wiederholen. So könnte sich zum Beispiel jemand nicht mehr erlauben, selbstständig zu handeln, wenn er mit diesem Verhalten als Kind schlechte Erfahrungen gemacht hat. Er spaltet seine Selbstständigkeit ab und verengt seinen Knast. Zu seinem so entstandenen Psychoknast gehört nicht nur seine reduzierte Selbstständigkeit, sondern auch noch das Meinungs- und Abwehrbündel, das er mobilisieren muss, um weiterhin seine Selbstständigkeit von Sekunde zu Sekunde zu verhindern. Für unser Ganz- und Anderswerden ist es kostbar, zu wissen, dass starre Meinungen und penetrante Abwehr indirekt immer auf Abgespaltenes verweisen. Dieses gilt es zu sichten und in kleinen Schritten zu beleben. So wird der Psychoknast gesprengt.

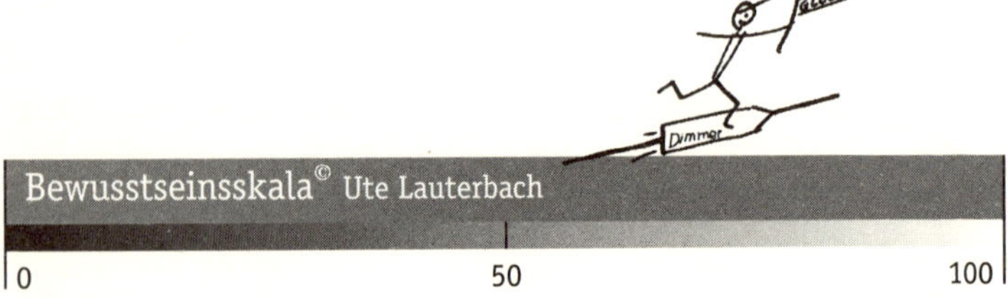

Nullinger	Übergang	neutrale Mitte	Übergang	Fullinger
Auf engen Punkt geschrumpfter Psychoknast.	Psychoknast, der weiter wird. Egofalle.	Egolust – trotzdem: »Identitätsknast«.	Wachsende Ich-Erweiterung.	Gelungene Ich-Transzendierung.

Eigene Position?

Wo bin ich gerade?

Navigationssätze

- Anerkennung dessen, was ist, ist der erste Schritt aus dem Knast!
- Das ist zu fürchten: das Gefängnis, in dem du bist, nicht jenes, in das du kommst.
- Das Leben ist ein Selbstbedienungsladen. Manche warten darauf, bedient zu werden.
- Das eigene innere Verbot provoziert andere, uns von außen mit einem analogen Verbot zu konfrontieren.
- Jede Blockade ist ein pervertierter Selbstschutz.
- Bekämpfe dich so, wie du bist, und du wirst noch schlimmer.
- Die Angst vor der Reaktion des anderen ist mein Gefängnis.
- Neurotische Selbsterhaltung garantiert Sicherheit im Psychoknast.
- Mit jeder Gewohnheit schreibe ich mich fest.
- Im Käfig ist alles bekannt und heimisch.
- Aus Mustern kommen wir ohne Radikalität nicht raus.
- Aus dem Unerledigten kommt immer ein gewisses Lebensverbot.
- Das Verhängnis ist, dass wir glauben, unser Blickwinkel hätte mit Realität zu tun. Er hat nur mit Gewohnheit zu tun.
- Solange ich warte, dass der Segen von außen kommt, bin ich abhängig.
- Die Braven sind langweilig.
- Die Identifizierung erkennen wir daran, dass wir nicht mehr bei uns sind.
- Ich kann den anderen erst wahrnehmen, wenn ich selbst aus der Verstrickung raus bin.

- Wenn ich bereits weiß, dass ich mich in einer Illusion befinde, bin ich schon nicht mehr ganz drin.

Integrationsfragen

- Was empört mich?
- Wie wäre ich, wenn mich nichts mehr empörte?
- Oder noch dreister: Wie könnte ich andere empören?
- Welche Gefühle löst diese Vorstellung in mir aus?
  - Haben sie wirklich eine reale Basis?
  - Oder steckt ein eigener Schmerz dahinter?

Flugsatz: Die Befreiungsempfehlung des Eigensinns: In unangepasstem Draufgängertum alles tun, um den Kopf freizukriegen!

Schuld/Schuldgefühle

Wer nicht genießt, wird ungenießbar.
Konstantin Wecker

Schuld liegt vor, wenn wir etwas schuldig bleiben, wenn wir etwas unerledigt lassen. Entweder wir bleiben *uns selbst* etwas schuldig oder *anderen*. Wenn es uns gelänge, uns selbst nichts, gar nichts schuldig zu bleiben, uns selbst also im Eigensinn total gerecht zu werden, dann wären wir integriert und entsprechend im Lot. Die automatische Folge wäre, dass wir auch anderen nichts mehr schuldig blieben. Wir werden anderen genau in dem Ausmaß nicht gerecht, in dem wir uns selbst nicht gerecht werden. Deshalb ist Eigensinn für alle Beteiligten Labsal.

So führt auch dieses Thema wieder zum Blick auf unsere Integration. Solange wir nicht ganz sind und uns über die Außenwelt vervollständigen wollen, so lange stellen wir Forderungen, mit denen wir anderen nicht gerecht werden, weil es Überforderungen sind. Durch solche Überforderungen werden wir schuldig an anderen, und zwar schulden wir ihnen den Ausgleich für das zu viel Geforderte. Genauso geraten wir in die Schuld, wenn wir versuchen, den Überforderungen anderer gerecht zu werden, weil wir dadurch nämlich uns selbst etwas schuldig bleiben.

Das Leben wird ungemütlich komplex im Schuldverteilungstheater. Zum Beispiel bei dem Einwand: dass *ich mir* nur gerecht werden könne, indem ich dies und das von x fordere. Aber genau das ist ein Irrtum. Ich kann mir von allen alles wünschen, aber nicht fordern; im Fordern steckt der offene oder heimliche Anspruch oder das Recht auf eine Leistung oder Verhaltensweise. Einen Anspruch haben wir nur auf die Wahrung unserer Lebensrechte, also zum Beispiel darauf, nicht umgebracht zu werden oder in den lebenswichtigen Bedürfnissen wie Atmung etc. nicht beeinträchtigt zu werden.

Hier strudelt die Komplexität weiter mit der Frage, was zu den lebenswichtigen Bedürfnissen zu rechnen sei. Alfons behauptet, die Sportschau am Samstag gehöre zu denselben, während Gerda im Gegenteil meint, das Weglassen der Sportschau gehöre zu *ihren* lebenswichtigen Bedürfnissen.

Zur Klärung definiere ich: Zu den lebenswichtigen Bedürfnissen gehört alles, was *unmittelbar* für unser Überleben notwendig ist. Und das sei die Sportschau, wird Alfons sagen – die sei für sein seelisches Überleben notwendig, und Gerda wird kontern. So gibt es kein Entkommen aus dem Relativismus für die, die nicht entkommen wollen.

Für Alfons und Gerda gilt, dass sie sich holen müssen, was sie brauchen und zwar an der Stelle, an der es zu haben ist. Wenn sie verzichten, bleiben sie *sich selbst* etwas schuldig, wenn sie vom Partner fordern, die Sportschau zu tolerieren oder ausfallen zu lassen, dann bleiben sie dem Partner oder der Partnerin etwas schuldig.

Navigationssätze

- Nur den Weg gehen, der geht. Auf einem anderen Weg werde ich schuldig am Leben, am anderen, an mir und laufe Amok.
- Ein reales Schuldgefühl geht oft Hand in Hand mit dem Wunsch, einen Ausgleich herzustellen.
- Das neurotische Schuldgefühl belastet, das reale belebt. In einem gesunden Schuldgefühl ist Kraft. In einem neurotischen Schuldgefühl ist Schwächung.
- Jede geglaubte Norm hat ein Schuldgefühl im Schlepptau und Angst, wenn ich sie übertrete.
- Neurotische Schuldgefühle sind Energiesauger erster Klasse.
- Es gibt nur Missverständnisse, keine Schuldigen.
- Aus dem Schuldgefühl heraus macht man fast immer das Falsche.
- Wenn ich mich verleugne, werde ich an mir schuldig. Und das tue ich immer, wenn ich anderen gegenüber klein beigebe und zurückstecke. Wenn ich aber das Kleinbeigeben oder Zurückstecken von den anderen fordere, werde ich an den anderen schuldig.
- Angst- und Schuldgefühle wachen darüber, dass die eigenen Energien nicht in Gang kommen.
- Die Formel heißt: Gutes Gewissen, nein danke!
- Fördern, was zu schlechtem Gewissen führt, denn es sagt mir: »Ich bin auf dem richtigen Weg.«
- Es geht darum, ganz zu werden, integriert zu sein, sich nichts schuldig zu sein.

Integrationsfragen

- Wer bereitet mir Schuldgefühle?
- Was werfe ich dieser Person unausgesprochenermaßen vor?
- Bei neurotischen Schuldgefühlen: In welcher Form könnte ich genau das tun, was mir Schuldgefühle bereitet?
- Bei realen Schuldgefühlen: Wie könnte ich einen Ausgleich herstellen?[11]

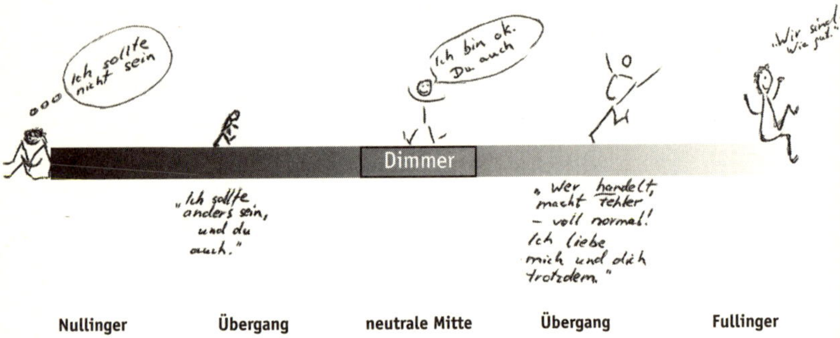

Eigene Position?

Wo auf der Skala ist meine Befindlichkeitsposition, wenn ich mir etwas schuldig bleibe? Wo, wenn ich mir gerecht werde?

Flugsatz: Im Eigensinn werde ich mir selbst und dadurch allen anderen gerecht.

[11] Umfassende Erläuterung auf dem Tonträger ›Endlich schuldig – endlich frei‹.

Sprache

Was ich nicht anspreche,
existiert für den anderen nicht.
M. C. Möller

Das Wort ist die Mauer zwischen mir und dir. Indem ich spreche, verstecke ich mich vor dir und verberge mein Innerstes. Nur durch Worte kann ich dich von dem, was ich wirklich bin, ablenken. Die Sprache dient mir als Tarnung, mit der ich dich besser in die Irre führen kann als mit meinen Augen. So kann ich mit der Sprache eine hohe Mauer zwischen uns errichten – eine Mauer, hinter der ich mich sicher fühle, weil du mich nicht erreichen und sehen kannst.

Das Wort ist die Brücke von mir zu dir. Indem ich spreche, eröffne ich mich dir und lege mich dir dar. Erst durch das Wort kann ich wirklich bei dir ankommen, weil ich im Sprechen mein Inneres in Formen gieße, die du verstehen kannst. So werde ich greifbar für dich, und das Geheimnis zwischen uns offenbart sich. So kannst du mir wirklich nahe sein, weil du über meine Worte zu mir und in mich gelangst. Die Sprache als höhere Erotik, weil sie ein Miteinander erlaubt, das besonders tief und innig ist, weil es »jenseits von Haut« liegt und deshalb bis in die äußersten Winkel der Seele vordringen kann.

Sprache ist wunderbar!

Navigationssätze

- Mit der Sprachschrumpfung geht oft eine Gefühlsschrumpfung einher.
- Das Sprachgefängnis ist die kleine Schwester vom Gefühlsgefängnis.
- Mit einer stimmigen Sprache kann ich ein Stück Heilung betreiben.
- Weisheit ist still, Wissen redet.
- Wenn einer beim Reden innerlich beteiligt ist, können wir Jahrzehnte zuhören.
- Ansprechen hilft.
- Im Zweifelsfalle reden.
- Handeln wirkt mehr als Sprechen.
- Kaum, dass wir den Mund aufmachen, ist die Manipulation in vollem Gange.
- Wenn du viel redest, passiert wenig. Wenn du das Eigentliche sagst, brauchst du wenige Worte, und es geschieht viel.
- Die einzige Fremdsprache, die sich lohnt, ist die Symbolsprache, das Lebensalphabet.
- Der Sinn von Information ist zu fließen.

Integrationsfragen

- Gibt es etwas, das ich jemandem sagen will und noch nicht gesagt habe?
- Wann und wie könnte ich es sagen?
- In welchen Situationen benutze ich Wörter zweiter oder dritter Wahl? Was fürchte ich?
- Wie sehen die Wörter der ersten Wahl aus?

Um Gesprochenes auf der Bewusstseinsskala orten zu können, ist es am aufschlussreichsten, auf die Stimme des anderen zu achten. Ist die Stimme vorwurfsvoll, aggressiv, beleidigt, arrogant, kritisch, gehetzt, abschätzig, unsicher, verhalten, übertrieben freundlich? Oder ist sie klar, fest, sachlich, begeistert, fröhlich, authentisch, liebevoll, entspannt, ruhig, warm? Meist korreliert auch der Inhalt mit der Sprechweise und rangiert von verbalen Ausfällen am Nullinger bis hin zu erhebender Weisheit am Fullinger.

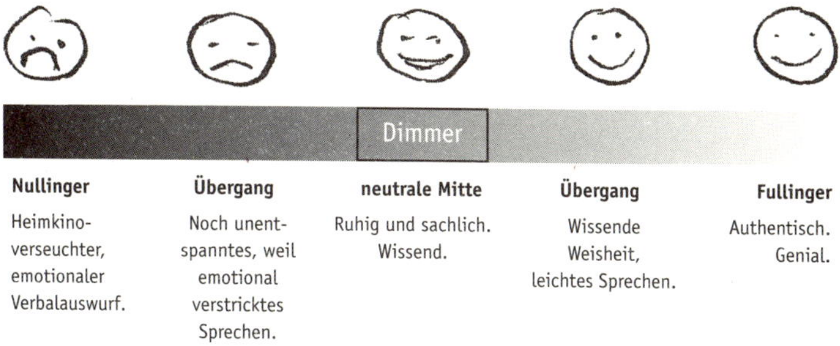

Intuitiv erfassen wir Stimme wie Mimik, Gestik und Körpersprache des anderen als präzise Gradmesser für seine Stimm(!)ungslage und seinen Bewusstseinsgrad. Jede Äußerung kommuniziert unterschwellig auch die exakte Position auf der Bewusstseinsskala, von der aus sie getätigt wird.

Eigene Position?

Wo ist meine Position, wenn ich mit x spreche? Wo, wenn ich mit y spreche?

Jenseits von Sprache
Hindurchlauschen
durch die Stille,
um dahinter
den Herzschlag der Einsamkeit zu vernehmen.

Gerne spräche ich ohne Text
von Herz zu Herz
ganz leis' am Verstand vorbei –
nur Bedeutung, keine Worte

Der Glückspilot spricht

Spaßeshalber können Sie ein Experiment machen. In anderen Kulturen gibt es ja Orakel, die in Trance hellsichtige Aussagen machen. Nein, Sie brauchen nicht in Trance zu verfallen, aber könnten sich vorstellen, was die liebste Tonlage und der liebste Text Ihres Glückspiloten sind, wenn er full speed Richtung Fullinger unterwegs ist.

Flugsatz: Eine eigen-sinnige Sprache erschließt Welten. Daher frage ich mich stets: »Wie sage ich es ganz genau?«

Sucht

… wir sollten uns zu dem Bewusstsein aufschwingen,
dass wir nichts suchen, was wir finden könnten.
Fernando Pessoa

Was genau passiert in der Sucht? Der Süchtige befindet sich in einem Mangelzustand, der durch das Suchtmittel aufgehoben werden soll. So quälend der Mangel, so vielversprechend die Droge. Fatalerweise werden Leere und Defizit durch den Vollzug der Sucht nicht wirklich behoben. »Erlösung« oder »Befriedigung« wirken bestenfalls momenthaft und haben eher überdeckenden Charakter; ähnlich wie ein Schmerzmittel, das den Schmerz zwar betäubt, seine Ursache jedoch nicht aufhebt. Das gilt gleichermaßen für stoffungebundene Süchte, also für Harmoniesucht, Arbeits- und Gefallsucht …

Die Sucht wird dauerhaft gezündet von einem seelischen Leid, eben diesem Mangelzustand, dieser Leere, die als solche gerade durch das Aufrechterhalten der Sucht nicht ins Blickfeld treten und auch nicht vollumfänglich gespürt werden.

Für die Suchttherapie und unsere **Ganzwerdung** ist entscheidend, sich der Not und der Leere, die die Sucht hervorrufen, zu stellen und sie zu beheben, anstatt sie mit Hilfe der Droge zu überdecken. Die Dringlichkeit und Sehnsucht, mit denen wir unserer Leere entkommen wollen, zeigen sich ganz unmittelbar an der Stärke und am Ausmaß der Sucht.

In der Sucht wird *Etwas* ganz unbedingt gewollt. Es ist hilfreich, diesem Etwas genau nachzuspüren, sich darauf zu konzentrieren, es Platz greifen zu lassen. Es ist nämlich genau dieses Etwas, das über das Suchtmittel künstlich »erzeugt« werden soll. Aber was künstlich hervorgerufen wird, fällt wieder in sich zusammen, muss wieder neu erzeugt werden und so fort: eine nicht abreißende Kette. Die wirkliche Befriedigung – die Stillung der Sehnsucht – bleibt aus. Hier schleicht sich eine nicht unbewusste Selbstverhohnepipelung in die Sucht. Denn jeder Süchtige *weiß*, dass seine Droge ihm nicht wirklich gibt, was er sucht. Sie dennoch zu nehmen, ist wie ein Handeln wider besseres Wissen, eine Art »Notlösung«, die in Wirklichkeit die Not nicht löst, sondern verschärft.

Die Unbedingtheit der Suche des Süchtigen zeigt sich schließlich auch an seiner Abhängigkeit von der Droge. Das unbedingt gewollte Etwas, das die Leere füllen soll, ist so wichtig, dass sein Glück und seine Lebenstüchtigkeit davon abhängen. Tragischerweise verschiebt sich diese Abhängigkeit sozusagen vom ursprünglichen Glück auf das »Glück und Fülle« versprechende Ersatzmittel. Hier schimmert ein Heilungshinweis auf: Wenn es gelingt, sich seinem ursprünglichen Glück, und das heißt Ganzsein, zu nähern, wird die Droge wie von selbst unwichtiger.

Ich bin davon überzeugt, dass wir uns alle mehr oder weniger bewusst und in unterschiedlichem Ausmaß nach unserem ursprünglichen Ganz- und Heilsein sehnen und dass wir gleichzeitig Angst vor der Wiederholung dessen haben, was diesen vollständigen Zustand einst beeinträchtigt hat. Das bedeutet: In der Sehnsucht reichen wir unserem Glückspiloten die Hand.

So sieht es auf der Bewusstseinsskala aus:

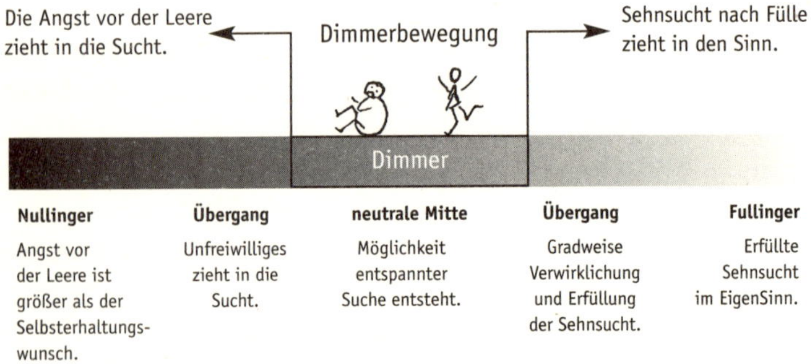

Eigene Position?

Meine Position im Ankunftsgefühl? Auf der Suche? In der Sucht?

Navigationssätze

- Sucht meint: bitte grenzenlos!
- Wenn meine Maßnahmen nicht funktionieren, ist meine letzte Maßnahme das Aufgeben aller Maßnahmen.
- Mit der Kapitulation beziehe ich eine neue Sicht.
- In der Gier ist kein Genuss, sondern Knappheit, weil die Gier uns von der Gegenwart wegzieht.
- Indem ich mich nur noch zu jeder vollen Stunde voll fresse, übernehme ich die Steuerung. Dann bin *ich* diejenige, die bestimmt. Das ist der deblockierende Schritt für die Psyche.
- Es wird immer das wichtig, wohinter sich ein Mangel befindet.
- »Bestenfalls« erleben wir im Vollzug der Sucht ein rauschhaftes Vergessen unserer Leere.
- Alles, womit ich mich auf Abstand halte, ist suchtfördernd und alles, womit ich mir selbst näher rücke, suchtmindernd.
- Fatalerweise trennt uns die Sucht noch mehr von dem, was sie vorgibt zu suchen.
- Durch die Sucht soll der Hauptschmerz abgepuffert werden. Lieber im Abseits des Lebens überwintern, als diesen Schmerz noch einmal zu erfahren …
- Der Zwangskranke hat ein Vertrauensdefizit, der Süchtige hat ein Liebesdefizit.
- Der Süchtige sehnt sich nach dem Eigentlichen und greift zu dem Uneigentlichen.
- Das Bessere ist nicht immer das Angenehmere.
- Paradoxe Intervention: Ich sage mir beim Suchtvollzug »Ich mache es aus Freiheit.«

- Der Süchtige ist beim Vollzug seiner Sucht oder durch ihre Nebenwirkungen in permanenter Selbstkonfrontation.
- Der misslungene Versuch, gegen die Sucht anzugehen, erzeugt Frust, der uns noch süchtiger macht.
- Es ist völlig unmöglich, vom eigenen Sinn total erfüllt zu sein und gleichzeitig süchtig zu sein. Denn wenn ich total erfüllt bin, dann brauche ich mich nicht mehr abzufüllen. In welcher Form auch immer. Finde Sinn!

Integrationsfragen

- Welche Süchte habe ich?
- Welche Suchtmittel nehme ich täglich zu mir?
- Habe ich die ersten beiden Fragen unterschiedlich beantwortet?
- Was gibt mir meine Droge? Könnte ich ein Loblied auf sie schreiben?
- Was deckt mein Loblied auf?
- Verweigerte Lebendigkeit begünstigt Suchtverhalten. Daher die Frage: Was halte ich durch meine Süchte auf Sparflamme?
- Wie könnte ich voll aufdrehen?

Flugsatz: Der EigenSinn sagt: »Wenn du mich hast, endet die Suche. Die Sucht löst sich in erfüllter Sehnsucht auf.«

Sündenbock

Wir verachten vieles, um uns nicht selbst verachten zu müssen.
Vauvenargues

Wollte ich meine Sündenböcke als Erkenntnis- und Entwicklungsförderer benutzen, so fragte ich sie:
- Was werfe ich euch vor?
- Welche nicht gelebten Persönlichkeitsanteile verbergen sich hinter meinen Vorwürfen?
- Wie könnte ich diese selbst leben, das heißt, was könnte ich mir bei euch abgucken?

Und dann, wenn ich die entsprechende Info eingesackt hätte, steckte ich meine Energie nicht mehr in die Sündenbockpflege, sondern benutzte sie zum Nacheifern. Und ich erfreute mich meiner Lebendigkeit.

Eigene Position?

Wo ist meine Skalaposition, wenn ich mich an der unmöglichen Art des anderen aufreibe? Wo, wenn ich ihn einfach ignorieren kann?

Navigationssätze

- Am Widersacher ist Begegnung mit sich selbst möglich.
- Jeder Sündenbock ist ein verkappter Steigbügel.
- Solange du glaubst, dass die anderen schuld an allem sind, verpasst du den Steigbügel.
- Mit jedem Vorwurf vernagle ich mich selbst.
- Feinde sind nichts anderes als eine seelische Mülldeponie.
- Dank Feind ist man vermeintlich seelisch ausgeglichen.
- Solange ich den Sündenbock hüte, komme ich mir selbst kein Stückchen näher.
- Bei allem, was der andere inszeniert, habe ich einen Anteil.
- Der Sündenbock ist die Selbstverhinderung schlechthin.
- Ob ich den Sündenbock oder den Tugendbock pflege, ist völlig egal. Bock ist Bock.
- Jeden Sündenbock habe ich selbst an meine Kette gelegt.
- Durch das Nachtragen pflege ich den Sündenbock.
- Wenn du nicht genau sagst, was du willst, bekommst du es auch nicht und ärgerst dich dann, dass der andere dich nicht versteht.
- Meine Sündenböcke sind der Beweis für meine Weigerung, Verantwortung für mein Leben zu übernehmen.
- Glücklich ist, wer keine Sündenböcke braucht.
- Wir können dem anderen nur gerecht werden, wenn wir vorher uns selbst gerecht geworden sind.

Integrationsfragen

- Was sind meine Lieblingsaussagen?
- Welche Sündenböcke habe ich?
- Wie sähe der direkte Weg – ohne Ausreden und Böcke – aus?

Flugsatz: Die natürliche Selbstbejahung im Eigensinn braucht keine Sündenböcke.

Tod

Sterben heißt ein vollkommen
Anderer werden.
Fernando Pessoa

Angst vor dem Tod?

Die Angst vor dem Tod wird in der Philosophie und Psychologie oft als die Basisangst, die sich hinter allen anderen Ängsten verbirgt, gesehen. Wenn wir das Wesen der Zeit begreifen – und damit meine ich: *erlebnismäßig* erfassen –, dann löst sich durch diese Erfahrung die Angst vor dem Tod auf. Zeit nicht als Paketchen von 80 bis 100 Jahren, das wir sozusagen aufbrauchen, um dann in die Erde gesenkt zu werden, sondern als stillstehende Gegenwart. Solange wir uns in einem Bewusstsein befinden, das Zeit jedoch als ein solches Paketchen erlebt, sind wir mehr oder weniger bewusst im Griff der Angst vor dem Tod. Im »Paketchen-Bewusstsein« müssen wir an den Tod als absoluten Auslöscher glauben, so, wie wir an die »Evidenz« aller anderen Oberflächenerscheinungen des Lebens glauben.

Das »Paketchen-Bewusstsein« ist unsere »normale«, alltägliche, ständige Durchschnittsverfasstheit, ist einfach des erwachsenen Menschen Art, das Leben verstandesmäßig zu begreifen. Das macht uns als Menschen geradezu aus, dieses Eingeengtsein auf den Verstandesblickwinkel. So sind wir noch und zunächst und zumeist.

Bezeichnenderweise kennen Tiere und kleine Kinder die Angst vor dem Tod nicht. Diese Angst ist an das Erwachen des Verstandes geknüpft. Sie hängt ihm wesensmäßig an. Diese Situation wird noch durch die Selbstschutzfunktion des Verstandes verschärft. Will er uns doch ständig schützen; wie unfasslich, wie beleidigend geradezu muss für ihn der Tod sein, der seine Daseinsberechtigung mit in den Abgrund reißt.

Der mit dem Verstand identifizierte Mensch – und das sind wir alle – sitzt so selbstverständlich in seinem Verstandesknast, sprich Alltagsbewusstsein, dass er noch nicht einmal merkt, *dass* es ein Knast ist. Der Mensch ist, wie Heidegger Nietzsche interpretierend ausführt, ein Hinübergehender: *nicht mehr* arglos in die Natur eingebundenes Tier und *noch nicht* Übermensch. Das Bekloppte ist, wir wissen und erleben zumeist nicht, dass wir uns in einem solchen Übergang befinden. Dieser Übergang ist vollzogen, wenn wir im Sein sind, im, wie Heidegger meint, nicht interpretierenden, also im kontemplativen Gewahren dessen, was ist; wenn wir – und sei es nur für einen Augenblick – die überwältigende Erfahrung des Einsseins, des Ewigseins, des Außerhalb-aller-Zeit-Seins machen. Wer nur für einen Augenblick wirklich ganz war, der ist hinterher anders.

Der Tod überzeugt nur unseren Verstand, und solange der Verstandesblickwinkel unser einziger ist, ängstigt uns der Tod.

Navigationssätze

- Im Angesichte des Todes springen die Prioritäten an den richtigen Ort.
- Im Gewahrsein der eigenen Sterblichkeit verstehe ich, was das Leben eigentlich ist, nämlich für eine Weile eine möglichst gute Zeit haben.
- Der Tod ist ein Lebenskatalysator.
- Angst vor dem Tod ist die Angst vor nicht gelebtem Leben.
- Wenn ich es schaffe, mich meinem Glückspiloten anzuvertrauen, dann bin ich im Fluss. Und wenn ich im Fluss bin, ist der Tod keine Gefahr.
- Eine Sache beenden ist mitunter ein bisschen wie sterben.
- Sechs Eier kaufen und eines zerschlagen und sich darüber ärgern; das alles im Angesichte des Todes? Sich über ein zerschlagenes Ei zu ärgern, kann sich nur ein Unsterblicher leisten. Womit die Unsterblichkeit bewiesen ist. Wenn wir sterb-

lich wären und uns über ein zerschlagenes Ei ärgerten, hätten wir entschieden eine Macke.
- Zum Ende hin wird der Tod normaler.
- Wir entgrenzen uns, wenn wir die Grenzen der Natur akzeptieren.

Integrationsfragen

- Was entfacht meine Leidenschaft und Hingabe? – Wenn ich mich so ganz verliere: bin ich dann tot?
- In welchen Situationen kann ich mich ganz und gar vergessen?
- Fürchte ich in ihnen den Tod?

Eigene Position?

Kann ich mich in beide Vorstellungen hineinfühlen: zum einen voll sterblich, zum andern voll unsterblich zu sein? Wo steht jeweils mein Dimmer?

Flugsatz: Im Eigensinn ist die Sehnsucht nach dem Aufblitzen der Zeitlosigkeit deutlicher.

Träume

Ich träume und finde,
ich finde, weil ich träume.
Fernando Pessoa

Die richtige Deutung eines Traumes erkennen wir daran, dass der Träumer sagt: »Ah ja, so ist es.« Der Träumer hat das letzte Wort über die Deutung. Die Funktion der Träume ist, uns zu entlasten, zu reinigen und zu klären. Leben mit sich selbst ist auf tiefe Art zu erreichen, wenn wir mit unseren Träumen leben, denn die Träume enthalten ungeschminkte Wahrheit über uns. Wir sind für jeden Krümel, der in unserem Traum auftaucht, verantwortlich. Träume helfen uns zu erkennen, was integriert werden darf. Letzteres gilt für Träume, die im Bewusstseinsbereich links der neutralen Mitte entspringen. Rechts von ihr finden wir Visionsträume, Wahr- und Warnträume, hellsichtige, luzide und beseligende Träume. Am Nullinger haben uns Alpträume im Griff.

0		50		100
Nullinger	**Übergang**	**neutrale Mitte**	**Übergang**	**Fullinger**
Alpträume.	Integrationsbotschaften: Traum sagt verschlüsselt, was den Lebendigkeitsfluss stört.	Warnträume.	Visions- und Wahrträume.	Hellsichtige, luzide und beseligende Träume.

Eigene Position?

Nach einem Traum hält sich tagsüber oft das Traumgefühl. Auch das können wir locker auf der Skala positionieren.

Navigationssätze

- Träume übertreiben, damit wir etwas kapieren.
- Was wirkt, ist die Handlungskonsequenz, die ich aus dem Traum ableite.
- Das, was ich im Traum auslasse, lasse ich auch im Leben aus.
- Träume haben oft eine therapeutische Absicht, wollen etwas korrigieren.
- Korrekturwille und Aussagewucht erreichen beim Alptraum den Gipfel.
- Je mehr ich mich selbst übersprungen habe, desto alptraumhafter ist der Traum.
- Wer seinen Träumen vertraut, vertraut sich selbst.
- Our night movies want us to move and want to move us.
- Wir meinen, unsere Träume seien verrückt. In Wirklichkeit spinnen sie bei weitem weniger als wir.
- Alpträume entspringen Selbstunterbrechungen in einem lebenswichtigen Bereich.
- Träume sind etwas so Hochindividuelles und Spezielles, dass wir sie nur »deuten« können, indem wir nichts hineinlegen, aber alles herausholen.
- Träume sind direkt und einfach, weshalb wir einfach und direkt denken müssen, um zu einer stimmigen »Deutung« zu gelangen.
- Träume als Sprachrohr unseres Glückspiloten.

Integrationsfragen

- Nehme ich meine Träume ernst?
- Verstehe ich sie?
- Wie könnte ich mich mehr auf sie einlassen?
  (Zum Beispiel: Traumbuch führen, mich beim Aufwachen in die wichtigsten Traumelemente versetzen, mir Handlungskonsequenzen überlegen, die sich aus den jeweiligen Traumbotschaften ableiten lassen.)

Flugsatz: Träume wollen mich zu Sinn und Sinnen bringen.

Trennung

Reifer werden heißt,
schärfer trennen und inniger verbinden.
Hugo von Hofmannsthal

Trennungen sind so natürlich wie der Tod, wie Veränderungen, wie der Wechsel der Jahreszeiten. Schmerzlich werden sie:

1. wenn sie nicht wirklich vollzogen werden,
2. wenn der natürliche Zeitpunkt verpasst oder ignoriert wird (zu späte oder zu frühe Trennungen),
3. wenn ich den Abschied nicht feiere und das Gute, das war, leugne,
4. wenn die Liebe größer war als das eigene Selbstwertgefühl,
5. wenn hinter dem Augenschein der Unabänderlichkeit kein umfassender Sinn gefühlt wird.

Drei Spielarten im Trennungstheater

1. Nach gutem Zusammensein erkennen wir, dass die Beziehung vorbei ist, vielleicht im Sinne von ausgeschöpft, vielleicht im Sinne von auseinandergelebt (real).
2. Nach gutem Zusammensein schleicht sich das Ende ein, wird aber nicht wahrgenommen, und wir verharren in der *Illusion,* es sei noch gut, obwohl die innere Trennung bereits unbemerkt stattgefunden hat (erst real, dann Heimkino).
3. Wir sind nie wirklich zusammen gewesen, haben den anderen nie wirklich wahrgenommen und haben uns von Anfang an vorgegaukelt, in der besten Beziehung zu sein, obwohl keinerlei echte gemeinsame Basis bestand. Leben in der *Illusion* von Nichtgetrenntsein (Heimkino total).

Beziehungsklebstoff

Das pralle Leben will jeder. Was uns dazu fehlt, macht die Haftkraft vom Beziehungskleber aus. Der andere soll unser Leben prall machen. Glatte Überforderung! Das pralle Leben kann nämlich nicht beim anderen abgezapft werden, sondern muss aus sich selbst geschöpft werden: Integration anstatt Abzapferei. Im Klebeliebesglück rutschen wir in vermeintlichem Integrationsgefühl in die vermeintliche Seligkeit, während wir in Wirklichkeit auf die Trennung zutreiben. Freilich nur, um wieder eine echte Integrationsgelegenheit zu erhalten.

Das Löse-Klebe-Spiel sieht auf der Skala so aus:

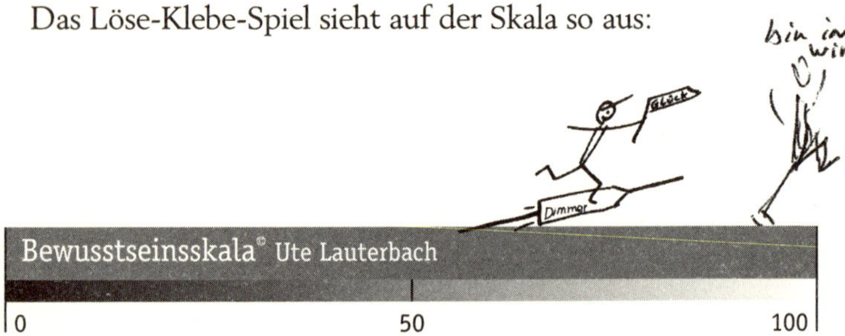

Nullinger	Übergang	neutrale Mitte	Übergang	Fullinger
Symbiose-Erdrück-Terror, von sich getrennt.	Glück und Energie abzapfen statt Integration mit Distanz-Nähe-Theater.	Klares Einander-gegenüber-Sein. Mit-sich-sein.	Bei-sich-Sein.	Ganz zu sich kommen und zum anderen, keine Getrenntheit mehr.

Eigene Position?

Als Skalaexperiment können Sie einige Trennungen in Ihrer Vorstellung aufleben lassen und fühlen, wo Sie damals und heute in Bezug auf diese Trennungen stehen.

Navigationssätze

- Es gibt nur eine Sache im Leben, die wir wirklich lernen müssen: Abschied zu nehmen.
- Das, was die Verliebtheit so schön macht, ist die gleiche Illusion wie das, was die Trennung so schlimm macht.
- Glatt getrennt, gut gepennt.
- Jedes Verurteilen bedeutet Trennung.
- Wenn wir uns trennen, dann werde ich dir sagen, wie lieb ich dich hatte.
- Ohne versöhnt zu sein, kann ich nicht Abschied nehmen. Gut ausgesöhnt ist gut getrennt.
- Sich gut trennen können, setzt voraus, dass wir gut bei uns sind.
- Ich kann mich nicht trennen, wenn ich selbst nichts mitnehme.
- Ohne Stirb kein Werde.
- Sich trennen zu können heißt, zu einer Veränderung bereit zu sein.
- Wenn ich mich höflich trenne, habe ich mich nicht getrennt.
- Ich kann ganz deutlich sehen, dass eine Sache beendet ist – was den Vollzug des Abschiednehmens jedoch nicht ersetzt.
- Wenn Trennung keine Befreiung ist, dann war es keine Trennung. Ziehen und ziehen lassen ohne Groll und Ressentiments – das ist echte Trennung. Im Groll sitzt ein Stück unserer Energie, mit der wir am vermeintlich Getrennten haften.
- Es ist nicht schlimm, *dass* Beziehungen zu Ende gehen, sondern *wie* sie zu Ende gehen.
- Sich trennen lernen heißt auch, sich selbst lieben lernen.

Integrationsfragen

- Gibt es wichtige Menschen in meinem Leben, die mir abrupt oder schleichend ohne wirklichen Abschied abhanden gekommen sind?
- Wenn noch Verletztheit, Groll und Vorwurf in mir sind, kann ich mich fragen, was noch aussteht. Was möchte ich noch klären – sei es für mich, sei es mit dem anderen?
- Wie lasse ich meine Vergangenheit gut los – damit die neuen Ufer freier locken?

Flugsatz: Wenn der Eigensinn als Andersjubel zum Eigen-Sinn wird, gibt es kein Getrenntsein mehr.

Versöhnung/Aussöhnung

Doppelt gewinnt, wer vergisst, was verloren.
Franz Grillparzer

Solange wir mit uns selbst und anderen nicht ausgesöhnt sind, können wir nicht ganz werden. Im Nicht-ausgesöhnt-Sein stecken ungelebte Energien, gestauter Groll und das Gefühl des Getrenntseins. Aussöhnung geschieht nur im eigenen Interesse und hat nichts mit großmütigem, pseudoheiligem Verzeihen zu tun. Begreifen wir: Alles – wie ungerecht, unvollkommen und gemein auch immer – geschieht aus hinreichendem Grund, nicht aus kalkulierter Bösartigkeit; selbst was sich als solche ausnimmt, hat noch eine entsprechend mächtige Ursache im Hintergrund, sonst geschähe es eben nicht. Diese heimtückischen, uns zur »Unvollkommenheit« treibenden Motive sind natürlich meist nicht fassbar, nicht umlenkbar.

Für die effiziente Aussöhnung ist wichtig zu verstehen, dass mein akuter Kampf- oder »Reizpartner« nicht erste Ursache meiner Verletztheitsreaktion ist, sondern noch auf einen chronischen »Reizpartner« verweist. Tiefgreifend heilsam ist die Aussöhnung mit chronischen Reizpartnern. Sie kann auch noch vollzogen werden, wenn diese Partner verschollen oder tot sind, oder sogar, wenn wir sie nie kannten (im Falle von weitergereichtem Familienschicksal, das mitunter sogar generationenübergreifend ist). In meinen Seminaren habe ich die heilsame Wirkung solcher »rückwärts« gerichteter Aussöhnung oder Integration unendlich oft erleben dürfen. Die Wirkung ist: Unser gestauter Groll verwandelt sich in **fließende Energie**, die wir dann für unser Leben zur Verfügung haben. Genau deshalb rücken wir durch die Aussöhnung mit anderen näher an unsere Energie, das heißt an uns heran. Wenn wir unseren versöhnlichen Blick so nach hinten richten und nicht nur auf unsere gegenwärtigen Antagonisten, erfahren wir unser Eingereihtsein in ein Familien- oder Kollektivschicksal und erleben uns bei eigenen »Verfehlungen« nicht mehr als erste Übeltäter bei der Unglücksausteilung.

Der Vollzug der Aussöhnung ist kein seelischer Klimmzug, kein Für-ungeschehen-Erklären dessen, was war. Er besteht vielmehr in der inneren Zustimmung, dass mein »Feind« einen gemäßen Platz im Leben haben darf, dass er genauso zum Leben dazugehört wie ich, dass er ist, wie er ist, weil er in seinem jeweiligen Entwicklungsstand nur so sein kann, wie er ist. Es ist einfach nicht mein Job, ihm das Unerledigte in seinem Leben nachzutragen, hinterherzuschleppen: an meinem seelischen Muskelkater leide nur ich.

Navigationssätze

- Es ist wichtig, sich in einer Reihe zu sehen und nicht als erster Schurke.
- Wenn ich keinen Groll mehr habe, bin ich versöhnt.
- Echte Harmonie ist die Nebenwirkung von Ausgesöhntsein.
- Alles Unerledigte bindet.
- Im Dankbarsein stehe ich zu mir selbst.
- »Verzeihen« ist Anmaßung.
- Echtes Verzeihen ist Nebenwirkung der eigenen Heilung.
- Ich höre dir nicht mehr zu, weil ich mit dir kommunizieren möchte. (Zum Beispiel, wenn sich jemand so in Rage geredet hat, dass er sein Gegenüber nicht mehr wahrnimmt.)
- In dem Moment, in dem ich meiner Kindheit »trotz allem« wirklich zustimme, werde ich erwachsen.
- Wer sich versöhnt, befreit in Groll gebundene Energie.
- Trennung ohne Aussöhnung beinhaltet immer den Verzicht auf einen Anteil unserer Energie.
- Aussöhnung kann bedingungslos und einseitig sein. Keiner ist für uns verantwortlich – nur wir selbst.
- Aussöhnung kannst du nicht machen, sondern nur zulassen.

- Aussöhnung mit dem anderen ist immer auch Aussöhnung mit sich selbst.
- Zu einem gelungenen Abschluss gehört die Erinnerung an die gute Zeit.

Integrationsfragen

- Mit wem bin ich nicht ausgesöhnt?
- Warum gebe ich dieser Person so viel Macht über mich? Will ich das wirklich?
- Spüre ich, wie viel *meiner* Energie im »Feind« brachliegt?
- Wer leidet am meisten unter meinem Leiden?
- Wie versöhne ich mich mit mir und allen?

Eigene Position?

Wo genau lässt mich meine Unausgesöhntheit auf der Skala landen? Die Strecke, die mir bis zur Mitte fehlt, entspricht dem Energieverlust durch die Unausgesöhntheit.

Flugsatz: Wer mit sich selbst versöhnt ist, lebt eigensinnig.

Verstehen/Verstand

Ich kenne mich nicht,
weil ich denke.
Fernando Pessoa

Die Tiere haben es leicht. Sie leben instinktgebunden in ihrem jeweiligen Umfeld und werden von der Natur versorgt und beschützt. Nur der Mensch, dieses komische »Mängelwesen«, wie ihn der deutsche Philosoph Arnold Gehlen nennt, braucht ein über die unmittelbaren Instinkte hinausgehendes Hilfsmittel, um sich zu versorgen und zu schützen. Diesen Job übernimmt unser Verstand. »Tüchtig«, wie er ist, macht er leider oftmals mehr als not-wendig wäre. Grundsätzlich können wir zwei Einsatzgebiete und Gebrauchsmodi des Verstandes unterscheiden:

- **Erstens** geht es ihm um die zweckvolle Alltagsorganisation, die der Befriedigungssicherung unserer Bedürfnisse dient; also Butter im Kühlschrank, Benzin im Tank, Dach überm Kopf usw.
- **Zweitens** will er uns vor der Wiederholung schlimmer (Kindheits)erfahrungen schützen. Mussten wir uns als Kinder zum Beispiel immer total unauffällig verhalten, damit der Vater keinen Wutanfall bekam, dann sorgt der so eingespurte Verstand dafür, dass wir uns lebenslänglich unauffällig verhalten. Er meint, es sei zu unserem Schutze, während es in Wirklichkeit natürlich eine Behinderung ist, die vielleicht damals sinnvolle Zurückhaltung lebenslänglich durchzuhalten.

Was macht der Verstand eigentlich ganz genau? Er »trennt und verknüpft«, wie der deutsche Theologe Friedrich Schleiermacher sagt. Er checkt, urteilt, schlussfolgert; er lichtet die Realität oder was wir dafür halten ab. Es entsteht in uns eine Art Spiegelbild. Wenn sich dieses »Abbild« cxakt deckt mit dem, was draußen ist, dann sind wir im ersten Gebrauchsmodus des Verstandes. Wenn sich jedoch eigene Vorstellungen und Erlebnisweisen in das »Abgebildete« mischen, sind wir im zweiten Gebrauchsmodus. Hier gilt die Formel: Je verletzter wir sind, desto irrealer ist das Abbild, das der Verstand uns liefert.

Für unser Ganzwerden ist es von zentraler Bedeutung, mit dem Verstand anders umzugehen. Ziel ist es, den Verstand nur noch gemäß des ersten Gebrauchsmodus für uns einzusetzen, also für die zweckvolle Alltagsbewältigung. Um hierbei erfolgreich sein zu können, ist es förderlich, die beiden Gebrauchsmodi noch genauer unterscheiden zu lernen, um dann den behindernden Gebrauch leichter aufgeben zu können. Es geht regelrecht um eine **Bewusstseinsschulung** – nicht kompliziert, aber wirkungsvoll. Diese Schulung kann so aussehen, dass wir unsere Wahrnehmung durch die folgenden beiden Schlüsselfragen abklopfen:

1. Nehme ich wahr, was wirklich ist? Oder
2. Nehme ich wahr, was ich mir mehr oder weniger vorstelle, was ich zum Beispiel befürchte oder erwarte?

Dass ich wahrnehme, was wirklich ist, erkenne ich daran, dass meine Haltung emotionslos ist; ich bin im informativen Zweck- und Nützlichkeitsraum des Verstandes. *Ich benutze den Verstand.*

Dass ich nicht wahrnehme, was wirklich ist, erkenne ich daran, dass meine Wahrnehmungshaltung befangen oder vorgestimmt ist. In diesem Fall könnte meine Einschätzung einer Situation von Ängsten begleitet sein oder auch von einem Werturteil wie »Stillsein ist Vornehmsein« etc. Diese Haltung weist auf den behindernden Pseudoschutzraum des Verstandes hin. *Der Verstand benutzt mich.*

Wenn wir nicht sehen, was ist, sondern eine durch unsere Vorstellungen verfärbte »Realität« wahrnehmen, dann ist das so, als schöbe sich eine Art Denkschleier zwischen uns und die

Welt. Das Fatale dabei ist, dass die Identifizierung mit dem Schleier so weit geht, dass wir ihn in der Regel nicht als von uns getrennt erleben: wir *sind* gewissermaßen unsere Vorstellungen, unser Schleier. Genau darum geht es: die Identifikation mit jenem Vorstellungsschleier zu lösen, um dann *uns* zu erleben, wie wir wirklich sind. Der entscheidende Lösungsschritt liegt bereits in dem beschriebenen unterscheidenden Wahrnehmen unserer Wahrnehmungen.

Die hier vorgeführte Unterscheidung der beiden Gebrauchsmodi des Verstandes macht auch Heidegger in seiner Schrift ›Was heißt Denken?‹, die ich allen intellektuell Tollkühnen wärmstens empfehle. Heidegger unterscheidet daselbst zwei Weisen des Vorstellens: erstens, dass ich mir etwas vorstelle, etwas ausmale, ein Bild von etwas habe, bevor oder sogar während ich es sehe. Und zweitens, dass ich eine Sache vor-stelle, indem ich sie vor mich hinstelle, sie reinlasse, wie sie ist. Damit springe ich, so Heidegger, auf den Boden, auf dem ich eigentlich stehe.[12]

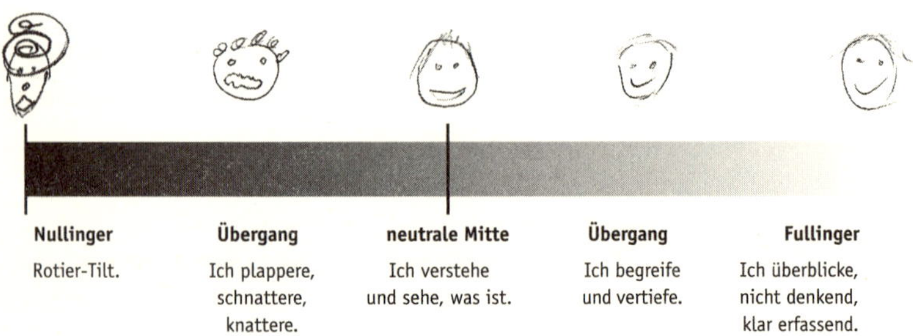

[12] Martin Heidegger, ›Was heißt Denken?‹, Niemeyer, Tübingen 1984

Eigene Position?

Ein Skalaexperiment: Beobachten Sie sich in verschiedenen Gesprächen, und positionieren Sie sich.

Navigationssätze

- Struktur hilft verstehen.
- Wer nicht zweifelt, kommt nicht zur Erkenntnis.
- Solange wir mit dem Verstand identifiziert sind, bleibt das Gefühl der Sterblichkeit.
- Wer nur denkt, ist blockiert.
- Die Identifikation mit dem Verstand macht das Leben ernst.
- Nur wer eingefahrene Denkschienen verlässt, hat die Chance, etwas zu verstehen.
- Diskutieren ist Tanzen auf der Kopfplatte.
- Der Verstand ist nur durch ein anderes Erleben zu überzeugen.
- Verstehen und Etwas-nachvollziehen-Können impliziert nicht, dass ich dafür auch aktiv werden muss.
- Verstand als Sammelbecken der Selbstverhinderung und des Es-war.
- Verstehen ist nur Zubringer zur Befreiung.
- Nachtragend ist nur der Verstand. Nicht das Herz.
- Die Hölle kommt immer über die Interpretation.
- Kompliziert werden heißt immer Lösung vermeiden.
- Alles, was ist, ist verstehbar. Sonst wäre es nicht.
- Manchmal ist die Erinnerung an das Elend schlimmer als das Elend selbst.
- Die Warumfrage bringt nie eine Handlungsantwort.
- Selbstunterbrechung kommt immer aus dem Misstrauen, und Misstrauen kommt aus dem Verstand.
- Verstand ist Egobezug und Selbsterhaltung. Mit dem Einkaufszettel kommt keiner zu sich.

- Manchmal ist das Mehr-Wissen eine Behinderung.
- Nicht zu denken heißt nicht zugleich pennen. Die Kunst ist, total wach zu sein, ohne zu denken.
- An der Grenze unseres Verstehvermögens fangen wir an zu kritisieren. Je mehr einer kritisiert, umso weniger versteht er.
- Was weiterbringt, sind die Gefühlsspuren und nicht die Denkspuren.

Integrationsfragen

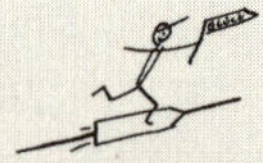

- Wie real ist meine Wahrnehmung?
- Wie viel mische ich in meine »Wahrnehmung« an »Deutungs- und Interpretationsstoff« hinein?
- Wie gehe ich mit den Grenzen meines Verstehvermögens um? Sehe ich sie?
- Wie wäre mein Leben, wenn ich nur noch wahrnähme, ohne zu deuten? Oder wenigstens meine ungerechtfertigten Deutungshöllen anspräche?
- Mit welchen Worten würde mir mein Glückspilot den Vorstellungsschleier nehmen?

Bannsicht: Da, wo wir anfangen, etwas zu verdammen, werden die Grenzen unserer Intelligenz sichtbar.

Flugsatz: Im EigenSinn ist die Heimat des Glückspiloten, dessen Intuition alles Denken in den Schatten stellt.

Wahrheit

Words are the fog
one has to see through.
Zen Saying

Bei der Wahrheit geht es immer darum, dass etwas zur Deckungsgleichheit kommt; zum Beispiel eine Aussage mit einem Sachverhalt. Im Fall der Entsprechung oder Deckungsgleichheit ist die Aussage wahr. Ich unterscheide vorletzte Wahrheiten von der letzten Wahrheit.

Vorletzte Wahrheit: Zu den vorletzten Wahrheiten gehört die beschriebene Wahrheit der Aussage. Bei dem Sachverhalt kann es sich um einen äußeren oder inneren handeln. Die Aussage: »Da fährt ein Auto« ist wahr (wenn da wirklich eins fährt) und bezieht sich auf eine *äußere* Gegebenheit. Die Aussage »Ich bin zufrieden« ist wahr (wenn ich es wirklich bin) und bezieht sich auf eine *innere* Gegebenheit. Oder bei Regenwetter kann die Aussage »Heute ist schönes Wetter« wahr sein, wenn ich wider die allgemeine Meinung Regenwetter schön finde und deshalb Deckungsgleichheit von Wetterempfinden und Aussage besteht. Das letzte, wenn auch läppische Beispiel weist in die Bereiche, wo es kompliziert wird. Wir müssen wieder unterscheiden, und zwar zwischen eigener Wahrheit und allgemeiner Wahrheit. Wobei als generelles Wahrheitskriterium sich die Deckungsgleichheit durchzieht. Für unser Ganz- und Anderswerden ist in Bezug auf die vorletzten Wahrheiten wichtig, dass *wir mit uns selbst* deckungsgleich werden beziehungsweise bleiben. Konkret heißt das: Meine eigene Wahrheit – beziehe sie sich nun auf Inneres oder Äußeres – darf sich nichts Fremdem unterordnen; weder der gängigen Meinung noch den Einzelerwartungen anderer Menschen. Hierbei ist es ziemlich egal, ob ich zum Beispiel aus praktischen Gründen (siehe schönes Regenwetter), andere »anlüge«, solange ich mich *nicht* selbst vorher angelogen und mir zum Beispiel wider mein Empfinden eingebläut habe, Regenwetter sei *schlechtes* Wetter. Diese totale Selbstehrlichkeit ist ein wichtiger Punkt in der eigenen Ganzwerdung, der Kongruenz mit sich selbst. Oft ist es im Heilungsprozess sinnvoll, diese Ehrlichkeit sich selbst gegenüber auch Außenstehenden gegenüber transparent zu machen. Allerdings ist sorgsames Abwägen sinnvoll, denn mitunter liefern wir uns durch die Veröffentlichung der eigenen Wahrheit anderen unnötig aus, oder wir geben die Verantwortung ab oder verlieren auf andere Art unsere Kraft. Zum Glück haben wir über die Wahrnehmung unserer jeweiligen Position auf der Skala ein Dauerfeedback, was dem Glückspiloten eine Optimierung unseres Verhaltens ermöglicht.

Der Katalog der vorletzten Wahrheiten ließe sich mit Ausdauer und Spitzfindigkeit weiter ausdehnen und differenzieren; hier genügt, was in Sachen Ganzwerdung und EigenSinnförderung relevant ist.

Letzte Wahrheit: Jetzt wird es geringfügig komplizierter. Ich beginne mit einer Definition: Unter der »letzten Wahrheit« verstehe ich nicht dieses oder jenes Wahre (= vorletzte Wahrheiten), sondern eine nicht relative, also absolute, von allen, die sie »erkennen«, gleichermaßen beschriebene und völlig ohne Zweifel als evident erlebte Wahrheit. Ein solches evidenzträchtiges Wahrheitserleben kann uns nur außerhalb der Relativität geschehen, und das bedeutet außerhalb des Verstandes (vgl. Seite 56 ff., Erleuchtung). Der Verstand, hier wieder als abstandhaltendes Vehikel gesehen, schiebt sich zwischen uns und das unmittelbare Erleben. Wenn wir das Wahrheitskriterium der Deckungsgleichheit anwenden, so bedeutet das, dass wir mit unserem ursprünglichen, innersten Wesen deckungsgleich werden müssten, um so der letzten Wahrheit innewerden zu können. Wir müssten also aufhören, die ursprünglich sowieso vorhandene Deckungsgleichheit mittels Verstand zu zerstören.

(Strenggenommen ist »Deckungsgleichheit« als Begriff nur haltbar, wenn wir den durch den Verstand schon gespaltenen, sich selbst in Abstand gebrachten Zustand als Blickwinkel nehmen.) Ziel ist die Aufhebung der Spaltung oder das Wieder-Zusammenfügen des Gespaltenen, es in die Deckungsgleichheit bringen. Also in die Unmittelbarkeit des ursprünglichen Einsseins gelangen. Auf diese Weise Ganzwerden. Das ist Zubringer zur letzten Wahrheit, ist die letzte Wahrheit. Faszinierenderweise kommt Heidegger nach Durchlaufen eines anderen Gedankenwegs in seiner Schrift ›Vom Wesen der Wahrheit‹ zu folgendem Ergebnis: »Das Wesen der Wahrheit ist die Wahrheit des Wesens.« Anders und in diesem Zusammenhang vielleicht verständlicher ausgedrückt: Wenn wir uns in die Wahrheit unseres Wesens gebracht haben, dann ist uns das Fullinger-Wesen der letzten Wahrheit offenbar. Die Fullinger-Ausgabe des Eigen-Sinns!

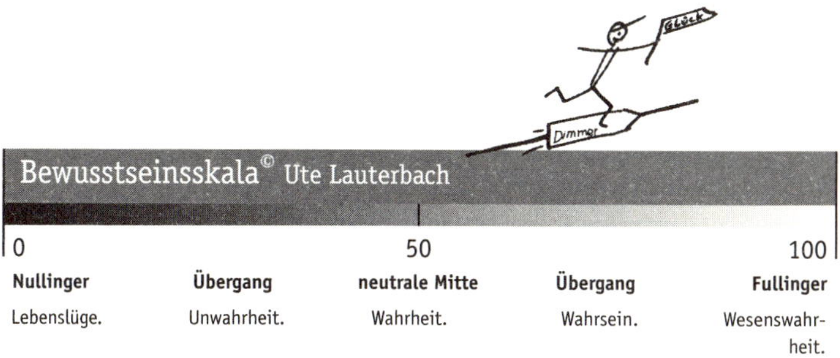

Eigene Position?

Wie wahrhaftig mir selbst gegenüber bin ich jetzt in diesem Augenblick?

Navigationssätze

- Nur das Wissen, welches ich *bin,* habe ich. Nur das Wissen, das Leben angenommen hat, zählt.
- Die reine Wahrheit ist, zu sagen, was ist.
- Die Kleinigkeiten offenbaren die Wahrheit.
- Am Lachen, am Weinen und am Widerstand erkennst du die Wahrheit. Das sind die drei großen Verräter.
- Nicht das Gute erstreben, sondern die innere Wahrheit leben.
- Wenn du es schaffst, ganz über deine Sache zu lachen, bist du schon gerettet.
- Man kann in der perfekten Logik die perfekte Unwahrheit haben.
- Es gibt keine Wahrheit, die so schlimm wäre, dass wir sie verschweigen müssten.
- Die Wahrheit ist immer verrückt.
- Die beste Art der Anpassung ist die Anpassung an die eigene Wahrheit.
- Wissen bedeutet Information. Weisheit bedeutet Transformation.
- Im Spontanen offenbart sich die Wahrheit.

Integrationsfragen

- Wie deckungsgleich bin ich mit mir?
  - Für mich selbst?
  - Für andere?
- Was könnte ich tun, um noch authentischer zu werden?

Flugsatz: EigenSinn ist Authentizität als Kongruenz mit sich selbst.

Widerstand

Spring – und das Netz wird erscheinen.
Julia Cameron

Widerstand leisten kostet Kraft. In jedem Widerstand ist ein Nicht-Wollen enthalten. Das, was ich nicht will, ist entweder mein Glück oder mein Unglück. Meinem Glück leiste ich Widerstand, indem ich auf deine Verletzungen und Gemeinheiten innerlich einsteige und sie dann bekämpfe. Durch dieses Einsteigen erobern sie Raum zwischen mir und meinem Glück. Das mache ich, weil mir mein Glück suspekt oder gefährlich vorkommt.

Meinem Unglück leiste ich Widerstand, indem ich mich gegen äußere Einschränkungen wehre. Interessanterweise ist auch diese Form von Widerstand häufig eher eine Glücksabwehr, weil ich nämlich meine Kraft und Zeit von einem mich beherrschen-wollenden Geschehen bestimmen lasse, anstatt sie für eine befriedigende Alternative außerhalb jener äußeren Einschränkungen zu mobilisieren.

Für unser Ganz- und Anderswerden ist es förderlich, Energie nicht mehr in Widerstand zu stecken, sondern in neue Projekte und Ideen. Lieber umsteigen als aufreiben! Lieber eigensinnig werden, als sich im Widerstand gegen Fremdsinn zu verlieren! Sich vom Glückspiloten ziehen lassen, anstatt an Vergangenem festzuhalten!

Eigene Position?

Wohin dimmert mich mein grundlegender Lebenswille? Welchen Wunsch richte ich jetzt an meinen Glückspiloten?

Navigationssätze

- Selbstsabotage ist verweigerte Lebendigkeit. Wer sich selbst fremdgeht, begeht eine Todsünde.
- Widerstand ist Irrtum.
- Wo ich mich selbst abwehre, kann ich auch dem anderen keinen Platz geben.
- Projektionen gehen Hand in Hand mit Widerstand und Abwehr.
- Sparen ist oft Lebensversäumnis im Warten auf den richtigen Augenblick.
- Die abgelehnte Ungeduld wird destruktiv.
- Wer sich auf etwas versteift, verliert den Bezug zur Realität.
- Ich ärgere mich, damit ich nichts verändern muss.
- Bei fixem Denken bekommen wir auch nur starre Ergebnisse.
- Wer sein Unglück nicht voll annimmt, bleibt darin stecken.
- Bei jeder Manipulation manipuliere ich zuallererst mich.
- Hinter meinem Widerstand lauert die Wahrheit.
- Stabile Abwehr, stabiles Unglück.
- Anstatt die Lösung zu nehmen, springen wir gerne auf das nächste Problem auf.
- Misstrauen ist eine gute Basis für die Wiederholung von altem Elend.

- Nach der Lösung brauchte ich sechs Wochen, um mich wieder an mein Problem zu gewöhnen.
- Nichts müssen, um wollen zu können.
- Der Verstand arbeitet Hand in Hand mit unserer Abwehr.
- Ständiges Aufbegehren kann auch eine Form des Sicheinrichtens sein.
- Jeder Widerstand löst sich, wenn wir den Kampf aufgeben.

Integrationsfragen

- Was löst Widerstreben, Widerstand und Abwehr in mir aus?
- Wovor will mich mein Widerstand schützen?
- Und wie Recht hat er?
- Wie wäre ich, wenn ich verantwortungsvoll gelegentlich machte, wovor mein Widerstand mich zurückschrecken lässt?

Endlich wieder stehen

Dem Widerstand widerstehen
heißt nicht: sich beugen,
heißt nicht: kämpfen,
sondern es heißt:
an ihm entlang
durch ihn hindurch
über ihn hinauswachsen –
es heißt:
einen neuen Stand finden.

Flugsatz: Der sicherste Stand ist der eigene – natürlich nicht als Standpunkt, sondern als GehSinn.

Wut

Hass und Wut … stehlen
unser gesundes Urteilsvermögen.
S.H. Dalai Lama

Wut entsteht, wenn der eigene Wille oder die eigene Bewegung blockiert wird. Grundsätzlich gibt es zwei *destruktive* Ausdrucksrichtungen von Wut:

1. nach **außen** gerichtet als Aggression, durch die das Umfeld beeinträchtigt wird. Das Spektrum reicht von »mildesten« Kampfformen, wie zum Beispiel übertriebenem Helfen, das den anderen schwächt, bis zur körperlichen oder seelischen Massivverletzung,
2. nach **innen** gerichtet als ein **Sich**-Ärgern. Ein nach innen losgegangener »Wutschuss« zeigt sich auch an autoaggressiven Krankheiten oder seelischem Leid, wie Depressionen.

Offensichtlich steckt in der Wut ungeheure Energie, die wir konstruktiv nutzen können, indem wir uns

1. ganz bewusst für die Förderung des blockierten Eigenen einsetzen, anstatt uns unzählige Male über dieselbe Angelegenheit zu ärgern,
2. oder indem wir eine Haltung erlangen, in der das Eigene sich in den Gesamtfluss natürlichen Geschehens einfügt. Dies hat nichts mit Verdrängung, Unterordnung oder Anpassung im negativen Sinn zu tun, sondern ist eher eine Art »Überhöhung« des Wollens, bei der sich das eigene Wollen über den eigenen Widerstand, über das Festhalten am vermeintlich Notwendigen oder Sicheren erhebt. Spätestens beim Fullinger machen wir diese Erfahrung.

Wut und Ärger zeigen uns, dass wir etwas nicht leben. Wenn wir uns trotz aller Widerstände und Ängste auf die Keimsituation unserer Wut einlassen, wird unser bisher »erlaubtes« Eigenes erweitert. So kann vernachlässigtes Potenzial belebt und integriert werden. Und wieder haben wir einen Beitrag zu unserem Ganz- und Anderswerden geleistet und mehr Eigensinn erobert.

Navigationssätze

- Wut ist immer die Rückseite von Angst.
- Groll ist verknöcherte Wut.
- Mit der Wut decken wir zu. Mit dem Zu-uns-Stehen decken wir auf.
- Chronische Sticheleien überdecken eine Riesenwut.
- Wenn ich Wut spüre, dann sage ich sofort: Stopp! Und frage mich: In welche Richtung komme ich vorwärts?
- Wut ist ein Zeichen von Nicht-gehandelt-Haben.
- Wut und Aggression sind immer ein Stück Selbstvergiftung.
- Da, wo ich kämpfe, bin ich blockiert.
- Solange wir mit unserem Schmerz-Ich identifiziert sind, bieten wir der Wut Ausbruchsgelegenheiten.
- In jedem Kampf steckt ein Defizit.
- Wir kämpfen um das, was wir längst haben, und verhindern so, dass wir es bekommen.
- Depression ist nicht gelebte Wut.
- Der Ärger ist die Miniausgabe von der Wut.
- Wenn Wut nicht nach außen schlägt, schlägt sie nach innen.
- Gegen wen oder was bin ich depressiv? Diese Frage kann sich jeder Depressive stellen.
- Wer kämpft, jagt die eigene Energie in eine Sackgasse.
- Es macht uns wütend, wenn andere uns unsere Grenzen zeigen.
- Wut ist reine Energie auf der Suche nach einem gangbaren Weg.

Integrationsfragen

- Was ärgert mich?
- Habe ich mich schon öfter über dieselbe Angelegenheit geärgert?
- Mit dem Ärgern halte ich unterschwellig an dieser Angelegenheit fest. Welche gezielte Handlung oder welche gezielten Worte verändern die Situation? Wann ziehe ich sie dem Ärger vor? In drei Jahren?
- Welches primäre Gefühl geht meinem Ärger voraus?[13]

Wenn wir im Wutanfall von Sinnen sind, hat uns der Nullinger voll erwischt. Auf der Übergangsstrecke zur Mitte schwächen wir uns mit Ärger unterschiedlichen Ausmaßes. Erst ab der Mitte haben wir unsere Energie in konstruktivem Vorwärtslauf zur Verfügung, um sie für die Umsetzung des Eigenen zu nutzen. Am Fullinger sind wir Energie pur, weil sie nicht auf einzelne Eigenprojekte ausgerichtet ist, sondern das Ganze berührt.

0		50		100
Nullinger	**Übergang**	**neutrale Mitte**	**Übergang**	**Fullinger**
Energie-Tilt im Wutanfall.	Ärger.	Eigener Wille erlebbar.	Konstruktive Durch- und Umsetzung des Eigenen.	Full Power im wagenderen Wollen. Siehe Rilke.

[13] Zum umfassenderen Verständnis sei auf den Tonträger ›Wut als Glücksbringer‹ verwiesen.

Eigene Position?

Wo überall positioniere ich mich auf der Skala, wenn ich an meinen Wagemut denke?

Flugsatz: In Wut und Ärger meldet sich nicht gelebter Eigensinn.

Zeugenbewusstsein

Das, was Du suchst, ist das, was sucht.
Franz von Assisi

Sekündlich sind wir in irgendeinem Befindlichkeits- und Bewusstseinszustand irgendwo auf der Skala. Auf dem Weg zur Mitte wächst unser Abstand zu unserer Verstricktheit. Ab der Mitte wächst der Abstand zu uns selbst. Am Fullinger haben wir uns transzendiert, unser ursprüngliches Wesen erreicht oder eine neue Stufe in der Evolution des Bewusstseins erreicht. Der wachsende Abstand drückt sich in zunehmender Gelassenheit, Freiheit, Zufriedenheit, Liebesfähigkeit usw. aus. Er misst gleichsam die Entfaltung unseres Bewusstseins, unserer Entwicklung.

Die westliche Psychologie war bis zur Etablierung transpersonaler Techniken nur auf »Reparaturarbeiten« ausgerichtet, die sich mit der Sanierung von Schmerzen befassen. Ihr geht es um die Heilung alter Verletzungen und Behinderungen. Diese erkennen wir an Verstrickungen, Projektionen und allen anderen Abwehrformen. Am Punkt der neutralen Mitte sind Heilung und Integration abgeschlossen. Danach und daneben greifen die Techniken der transpersonalen Psychologie. Ihr Anliegen ist vor allen Dingen, dass wir über uns hinauswachsen – also nicht nur integrieren, sondern transzendieren. Aber wie soll das gelingen? Wie schwingen wir uns über unser nett integriertes Ich hinaus? Gemäß vieler Weisheitslehren aus dem fernen Osten geht es darum, dass wir den Fokus unserer Identifikation verlagern: vom Ich zum so genannten »Zeugen«. Darunter ist die Instanz eines nicht wertenden Gewahrseins in uns zu verstehen. Im Buddhismus spricht man vom Satguru, vom **höheren Selbst**. In der westlichen Mystik ist die Rede von »Gott in uns«.

Der einfach alles abbildende Zeuge, der nicht wertet, der ewig unverstrickt ist, kann mit dem freien, weiten Himmel verglichen werden. Er ist das klare Bewusstsein über der Wolkendecke der Gedanken. Wenn wir mit dem Himmel, dem Zeugen, dem Selbst identifiziert sind, tauschen wir die Enge des verstrickten und von Belangen umstellten Ichs ein gegen den weiten Horizont einer neuen Dimension. Es gilt die Formel: Je mehr Abstand wir zu uns haben, je mehr Überblick der Zeugenanteil gewinnt, umso entbundener unser Ich. Oder kürzer: viel Ego, wenig Raum für Zeugenbewusstsein. Beziehungsweise umgekehrt: vollständiges Zeugenbewusstein, kein Ego.

Die Wegstrecke auf der Skala geht also von der Egokontraktion zum Zeugenbewusstsein. So:

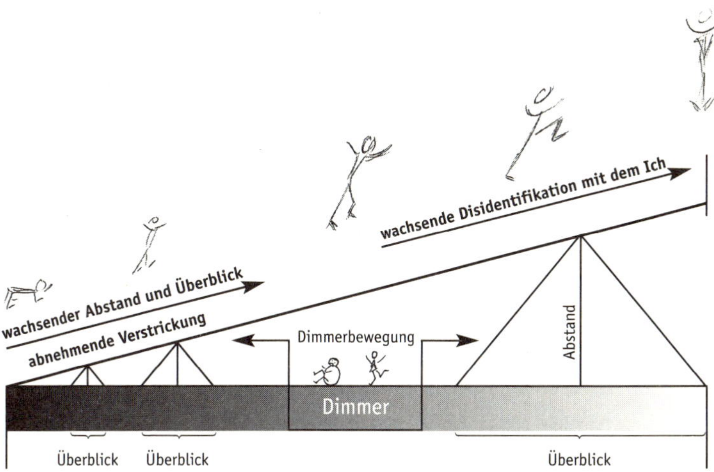

Nullinger		Mitte		Fullinger
Äußerste Egokontraktion, Ich-Zusammenziehung.	Ausschließliche Identifikation mit dem Ego und den eigenen Problemen.	Lockerung der Identifikation mit der Möglichkeit über den Tellerrand zu schauen. Zeugenbewusstsein wird möglich.	Immer öfter und leichter in das zeugenbewusstsein der egobefreiten Nicht-Verstrickung einsteigen können.	Zeugenbewussstsein mit aller Freiheit und allem inneren Frieden erleben.
Schwarze Wolkendecke	**Vollständig bedeckter Himmel**	**Stückchen vom Himmel sind sichtbar**	**Weniger werdende Wolken am Himmel**	**Ganz wolkenloser Himmel**

Eigene Position?

Wo erleben Sie Ihr Zeugenbewusstsein jetzt? Wie es sich wohl ändert, wenn Sie immer wieder Ihre momentane Position auf der Bewusstseinsskala wahrnehmen?

Navigationssätze

- Ich treffe nur gut, wenn ich nicht mehr ziele.
- Wenn wir alle Gründe und Erklärungen für unser So-Sein und alle Meinungen und Vorstellungen über uns aufgeben, dann ist Erleuchtung unvermeidbar.
- Befreiung geschieht, wenn wir aufhören, uns mit unserer Lebensgeschichte zu identifizieren.
- Freiheit ist Bewusstsein, das sich selbst anschaut.
- Im Nichttätigsein erledigt sich so viel. An einer Blume, die gerade rauskommt, zieht man ja auch nicht. Werden wie die Blumenzwiebeln!
- Das, was wir über uns selbst glauben, ist die am längsten währende Hypnotisierung. Glaubenssätze einfach nur bezeugen!
- Das Leben ist ein einziges Feedback.
- Jede Gewohnheit ist die Verlängerung von Vergangenheit.
- Nie mehr vergleichen müssen, nie mehr verdammen müssen, ist Würdigung des Augenblicks.
- Glück ist, nicht auf der Suche zu sein.

Integrationsfragen

- Kann ich mich von außen sehen?
- Kann ich mich mit meinem Gewahren identifizieren anstatt mit dem Wahrgenommenen?
- Wann erlebe ich viel, wann wenig Abstand zu meinen Belangen und Verstrickungen?
- Wann bin ich glückselig? Was ist typisch für diesen Zustand? Wie könnte ich mich für ihn disponieren?

Flugsatz: Wenn sich Eigensinn im EigenSinn auflöst, strahlt das wolkenlose Bewusstsein.

Zum Abschluss ein Bonbon

Sie können die Bewusstseinsskala als Instrument für ein spirituelles Training erster Klasse nutzen. Ganz einfach, indem Sie immer wieder feststellen, wo Sie sich gerade auf der Skala befinden. Dadurch nehmen Sie – wie in jeder Meditationsform erstrebt – Abstand von sich selbst, und Sie nehmen sich bewusst wahr. Und vielleicht erfahren Sie früher als später die Glückseligkeit des Zeugenbewusstseins.

Kritische Endnotiz und die Randfrage

Keine Speisekarte macht satt. Sie ist nicht das Essen. Keine Landkarte ist das Land. Die uns begleitende Bewusstseinsskala ist ebenfalls nur ein Konstrukt, das die Orientierung im unendlichen Meer von Geist, Gewahrsein, Präsenz, vom ewig Heilen erleichtern soll. Scheinbar Widersprüchliches reiht sich durch die Skala in ein logisches Nebeneinander. Damit bietet sie ein Instrument zur Lösung von Widersprüchen. Wir brauchen nun keine Zeit und Energie mehr in fruchtlosen Streitgesprächen zu verplempern. Stattdessen sortieren wir die widersprüchlichen Positionen auf der Skala und gelangen damit auf eine neue Gesprächsebene. Auf dieser Ebene lohnt sich der Einsatz von Zeit und Energie.

Die auf der Skala isolierten drei Punkte – Nullinger, Mitte, Fullinger – sind in Wirklichkeit keine Punkte, sondern bei ganz minutiöser Betrachtung eben auch Strecken ohne klaren Anfang, ohne klares Ende. Im individuellen Erleben mögen sie sich dennoch mit der Eindeutigkeit eines Punktes ausnehmen. Aber wer garantiert uns, dass der als totale Verstrickung erlebte Punkt nicht doch nur die Vorhölle war? Oder der Punkt des freien Kopfes, der Erlösung von aller Ich-Befangenheit noch lange nicht der Gipfel der Glückseligkeit ist? Alle persönlichen Grenzerfahrungen verdienen diesen Namen nur so lange, bis sie durch neue, weiter reichende Grenzerfahrungen überboten werden. Das bedeutet, dass die Bewusstseinsskala individuell erlebt und deshalb von Mensch zu Mensch verschieden erfahren wird. So ähnelt Gerdas Glückseligkeitsgefühl wahrscheinlich nicht dem von Alfons.

Trotz aller Zäsuren, aller Gipfelerlebnisse und aller Verzweiflungsnöte spricht nichts dagegen, dass das Bewusstsein ein nahtloses, ebenmäßiges Kontinuum ist, das, wie der Himmel ewig gleichbleibend, nur von Gedankenwolken verschattet wird.

Ohne verstrickte und sogar ohne andere Gedanken erleben wir es in seiner ganzen Fülle und Vollständigkeit. Das Bewusstsein als etwas, worin sich Unendlichkeit zeigt – und das alles in unserer Begrenztheit erfahrbar. Unsere Bewusstseinsskala hat zwei Grenzpunkte: Nullinger und Fullinger. Wie alle Grenzen sind sie nicht absolut, sondern nur subjektiv erlebte Extrempunkte: Links sind wir am Anschlag der Enge und rechts im Glückseligkeitstaumel der Weite. Grenzen sind es, die wir nicht willkürlich fassen können. Wir werden vom Nullinger gepackt und vom Fullinger ergriffen. So rühren wir an das Äußerste.

Und was bedeutet das alles für die Randfrage? Es gibt keinen Rand oder: Rand ist überall. Wir sind überall am und im Rand – einerlei, wo wir sind. Das Bewusstsein verlässt uns nicht – auch nicht in den Momenten, wo wir es zu verlieren scheinen. Die Worte, die Sie hier lesen, treten aus dem Hintergrund des Papiers hervor. Vergleichbar tritt alles, was seiend ist, aus dem Sein hervor. Das Sein ist. Es ist tragender Urgrund des Hervortretenden. Das Seiende *ist* auch. Aber unter anderem Seienden. Das Sein hingegen ist nahtlos, unendlich wie das Bewusstsein. Berühren wir also das Sein, wenn wir bewusst sind?

Stellen Sie sich vor, Ihre Gedanken würden im Bewusstsein verschwinden und meine Worte im Papier.

So:

Aber auch das unbeschriebene Papier, den ganz freien Kopf verlassen wir jetzt noch. Kommen Sie mit zum

Rand,
und wir springen raus

Die Autorin

Wer war sie?
Vor 1988 Studienrätin für Philosophie und Englisch.
1988 stieg sie in den philosophisch-therapeutischen Bereich ein.
Sie gründete das Institut für psycho-energetische Integration.

Und was ist sie jetzt?
Leiterin dieses Instituts.
Waldbewohnerin.
Philosophin.
Buchautorin.
Unsinnsexpertin.
Schicksalsforscherin.

Was macht Ute Lauterbach?
Philosophische Seminare über Sein, Sinn und Unsinn.
Workshops zur psycho-energetischen Integration.

Coaching/Supervision/Firmen navigieren/Einzel- und Gruppentraining.
Vorträge im In- und Ausland, TV und Radio.

Special
Ute Lauterbach ist bis in feinste Nuancen zu Hause in deutscher und englischer Sprache.
Inspirierend lebendige Bühnenpräsenz der geistsprühenden Art.
Darstellerisches Talent und obendrein voller Empathie.

Trotz Waldeslust liebt sie Bühne, TV und Radio
TV u.a. ARD, WDR, SWR, SWR 3 ...
Radio u.a. RTL, WDR 5, MDR, SWR 2, SWR 4, Ö1 zu Themen wie: »Muss das sein? oder »Ohne Ich kein Wir«

Veröffentlichte Bücher und CDs
›LiebesErklärungen‹, dtv 2005
›Raus aus dem Gedankenkarusell‹, Kösel Verlag 2001
›Gelebtes Leben‹, Lüchow Verlag 1993
18 Vorträge auf Tonträger, Themen siehe:
www.Ute-Lauterbach.de

Noch nicht geschriebene Bücher
›Wish big‹
›Keine Angst vor Bananen oder: Was ich morgen nicht gedacht habe, brauche ich gestern nicht vergessen.‹

Wo im Wald?
Ute Lauterbach
Institut für psycho-energetische Integration
Zum Johannistal 1 57610 Altenkirchen
Fon +49 (0)26 81–24 02 Fax –24 05
E-Mail: Info@Ute-Lauterbach.de
Internet: www.Ute-Lauterbach.de